EN İYİ REZENE YEMEK KİTABI

100 Nefis Tarifle Rezenenin Lezzetini ve Çok Yönlülüğünü Ortaya Çıkarın

Sudenaz Bulut

Telif Hakkı Malzemesi ©2024

Her hakkı saklıdır

Bu kitabın hiçbir bölümü, incelemede kullanılan kısa alıntılar dışında, yayıncının ve telif hakkı sahibinin uygun yazılı izni olmadan, hiçbir şekilde veya yöntemle kullanılamaz veya aktarılamaz. Bu kitap tıbbi, hukuki veya diğer profesyonel tavsiyelerin yerine geçmemelidir.

İÇİNDEKİLER

İÇİNDEKİLER 3
GİRİİŞ 6
KAHVALTI 7
   1. Rezene Tohumlu Çavdar Simitleri 8
   2. Tortas De Aceite 10
   3. Hava Fritözü Kahvaltı Güveç 13
   4. Beş Baharatlı Krep 15
   5. Rezene, Sosis ve Patates Haşlaması 17
   6. Rezene ve Domates Kahvaltı Omlet 19
   7. Rezene ve Füme Somon Kahvaltı Salatası 21
   8. Rezene ve Sosis Kahvaltı Hash 23
   9. Rezene ve Ispanaklı Kahvaltı Omlet 25
   10. Rezene ve Keçi Peynirli Kahvaltılık Tart 27
   11. Rezene ve Elmalı Kahvaltı Salatası 29
   12. Rezene ve Ricotta Kahvaltı Tostu 31
   13. Rezene ve Patates Kahvaltı Omlet Muffin 33
ATIŞTIRMALIKLAR VE MEZELER 35
   14. İtalyan Rezene Taralli 36
   15. Rezene ve Soğan Krakeri 38
   16. Rezene ve Keçi Peynirli Crostini 41
   17. Yoğurt Soslu Rezene ve Havuç Çubukları 43
   18. Rezene ve Zeytin Tapenade Bruschetta 45
   19. Rezene ve Portakal Salatası 47
   20. Rezene ve Füme Somonlu Kanepeler 49
   21. Rezene ve Avokado Salsa 51
   22. Rezene ve Ricotta Doldurulmuş Mantarlar 53
   23. Rezene ve Nohut Humus 55
   24. Rezene ve Keçi Peyniri Dolması Hurma 57
   25. Rezene ve Güneşte Kurutulmuş Domates Tapenade Crostini 59
SANDVİÇLER VE SARMALAR 61
   26. Rezeneli Tempura Balık Burger 62
   27. Izgara Rezene ve Tavuklu Sandviç 65
   28. Rezene ve Elmalı Hindi Burgerleri 67
   29. Rezene ve Kavrulmuş Sebze Sarma 69
   30. Rezene ve Füme Somon Sarma 71
   31. Rezene ve Pesto Tavuklu Sandviç 73
   32. Rezene ve Beyaz Fasulye Burger 75
   33. Rezene ve Elma Salatası Sarmasi 77

34. REZENE VE ROSTO DANA PANİNİ 79
ANA DİL 81
35. PORTAKAL VE REZENE LAHANA SALATASI İLE BARBEKÜ ASLAN BALIĞI 82
36. ELMA VE PANCARLA IZGARADA PIŞIRILMIŞ İSPANYOL USKUMRU 84
37. ŞEFTALİ FESLEĞENLİ TAVUK VE PİRİNÇ KASELERİ 86
38. TAVUK, PIRASA VE MANTARLI TURTA 88
39. MANTARLI VE PROSCİUTTOLU REZENE 91
40. KAVRULMUŞ SOĞANLI FÜME SOMON RAVİOLİ 94
41. BAHARATLI TOHUMLARLA KABAK KÖRİ 98
42. IZGARA KABAK VE BIRA SOSİSLERİ 100
43. BİTKİSEL REZENE PAELLA 102
44. REZENE SALATASI İLE IZGARA SOMON 104
45. KAVRULMUŞ KÖK PİZZA 106
46. ANTEP FISTIKLI REZENE RİSOTTO 109
47. REZENE VE BEZELYELİ RİSOTTO 111
YANLAR 113
48. ROBİOLA'LI REZENE GRATEN 114
49. SAFRAN REZENE SOUS VIDE 116
50. PARMESANLI KAVRULMUŞ REZENE 118
51. REZENE VE PATATES GRATEN 120
52. LİMON VE SARIMSAKLI SOTELENMİŞ REZENE 122
53. ROKALI REZENE VE PORTAKAL SALATASI 124
54. REZENE VE YEŞİL FASULYE TAVADA KIZARTMA 126
55. KREMALI REZENE VE PATATES ÇORBASI 128
56. NARENCİYE SOSLU REZENE VE RADICCHIO SALATASI 130
57. SARIMSAKLI VE LİMONLU KIZARTILMIŞ REZENE 132
58. ELMA SİRKESİ SOSLU REZENE VE HAVUÇ SALATASI 134
59. LİMON-OT SOSLU REZENE VE FARRO SALATASI 136
ÇORBALAR 138
60. YENİLEBİLİR ÇİÇEKLERLE REZENE ÇORBASI 139
61. ISTAKOZ REZENE BOUİLLABAİSSE 141
62. İTALYAN TAVUKLU MANTI ÇORBASI 144
63. BİBERLİ BALIK YAHNİSİ 146
64. SPIRULİNA KREMALI KARNABAHAR ÇORBASI 148
65. KREMALI REZENE VE PATATES ÇORBASI 150
66. OTLU KRUTONLU REZENE VE PIRASA ÇORBASI 152
67. ZENCEFİLLİ REZENE VE HAVUÇ ÇORBASI 154
68. KREMALI REZENE VE PATATES ÇORBASI 156
69. BAHARATLI REZENE VE MERCİMEK ÇORBASI 158
70. FESLEĞEN PESTOLU REZENE VE DOMATES ÇORBASI 160
SALATALAR 162
71. TRAŞLANMIŞ REZENE İLE HİNDİBA VE NARENCİYE SALATASI 163
72. TON BALIKLI VE BEYAZ FASULYE SALATASI 165

73. PANCAR REZENE SALATASI 168
74. GOJI YAZ SALATASI 170
75. ROKALI REZENE VE PORTAKAL SALATASI 172
76. TRAŞLANMIŞ REZENE VE ELMA SALATASI 174
77. NANE İLE REZENE, TURP VE NARENCİYE SALATASI 176
78. REZENE, AVOKADO VE GREYFURT SALATASI 178
79. REZENE, PANCAR VE KEÇİ PEYNİRLİ SALATA 180
80. BALLI LİMON SOSLU NARENCİYE REZENE SALATASI 182
81. REZENE, NAR VE KİNOA SALATASI 184

TATLI 186
82. MEYVELİ REZENE TRES LECHES KEK 187
83. KAVRULMUŞ ARMUTLU VE MAVİ PEYNİRLİ SUFLE 191
84. REZENE VE PORTAKAL ŞERBETİ 194
85. REZENE VE BALLI PANNA COTTA 196
86. REZENE VE LİMONLU KURABİYE 198
87. REZENE VE BADEMLİ KEK 200

ÇEŞNİLER 202
88. NAR TURŞUSU , REZENE VE SALATALIK 203
89. REZENE MANGO TURŞUSU 205
90. REZENE ANANAS TURŞUSU 207
91. KİVİ VE REZENE TURŞUSU 209
92. REZENE VE ELMA TURŞUSU 211
93. REZENE VE PORTAKAL MARMELATI 213
94. REZENE VE HARDAL LEZZETİ 215

İÇECEKLER 217
95. AHUDUDU VE REZENE LİMONATASI 218
96. GÜL, KAVUN VE REZENE TAZELEYİCİ 220
97. PAPATYA VE REZENE ÇAYI 222
98. PORTAKAL-REZENE KOMBUCHA 224
99. LAVANTA VE REZENE TOHUMU ÇAYI 226
100. REZENE TOHUMU GAZ GİDERİCİ ÇAY 228

ÇÖZÜM 230

GİRİİŞ

Sizi, rezenenin lezzetini ve çok yönlülüğünü 100 nefis tarifle ortaya çıkarmak için bir mutfak yolculuğuna çıkmaya davet ettiğimiz "En İyi Rezene Yemek Kitabı"na hoş geldiniz. Rezene, kendine özgü meyan kökü benzeri tadı ve gevrek dokusuyla, çok çeşitli yemeklere derinlik ve karmaşıklık katan çok yönlü ve yeterince önemsenmeyen bir malzemedir. Bu yemek kitabında rezenenin mutfak potansiyelini kutluyor, hem geleneksel hem de yenilikçi tariflerde eşsiz lezzet profilini sergiliyoruz.

Bu yemek kitabında rezenenin lezzetli lezzetini ve çok yönlülüğünü vurgulayan zengin tarifler keşfedeceksiniz. Serinletici salatalardan aromatik çorbalara, iştah açıcı ana yemeklerden lezzetli tatlılara kadar her tarif, bu sevilen malzemenin çeşitli mutfak uygulamalarını sergilemek için hazırlandı. İster deneyimli bir şef, ister yeni tatlar denemek isteyen bir ev aşçısı olun, bu koleksiyonda herkesin keyif alacağı bir şeyler var.

" En İyi Rezene Yemek Kitabı "nı diğerlerinden ayıran şey, yaratıcılığa ve keşfetmeye verdiği önemdir. Rezene genellikle yemeklerde destekleyici bir oyuncu olarak kullanılsa da, bu yemek kitabı rezeneyi ön plana çıkarıyor ve eşsiz lezzetinin çeşitli mutfak bağlamlarında parlamasına olanak tanıyor. Takip edilmesi kolay talimatlar ve faydalı ipuçlarıyla, rezeneyi heyecan verici yeni yöntemlerle yemek pişirme repertuarınıza dahil etmek için ilham alacak, en sevdiğiniz yemeklere derinlik ve karmaşıklık katacaksınız.

Bu yemek kitabı boyunca rezeneyi seçme, saklama ve hazırlama konusunda pratik tavsiyelerin yanı sıra, mutfak kreasyonlarınıza ilham verecek çarpıcı fotoğraflar bulacaksınız. İster hafta içi bir akşam yemeği için yemek yapıyor olun, ister misafirlerinizi eğlendirin, ister evinizde leziz bir yemeğin tadını çıkarın, " En İyi Rezene Yemek Kitabı " bu çok yönlü ve lezzetli malzemeden en iyi şekilde yararlanmak için ihtiyacınız olan her şeye sahiptir.

KAHVALTI

1.Rezene Tohumlu Çavdar Simitleri

İÇİNDEKİLER:

- 2 su bardağı ekmek unu
- 1 su bardağı çavdar unu
- 1 yemek kaşığı rezene tohumu
- 1 yemek kaşığı tuz
- 1 yemek kaşığı aktif kuru maya
- 1 yemek kaşığı bal
- 1 ½ su bardağı ılık su
- Toz almak için mısır unu

TALİMATLAR:

a) Büyük bir karıştırma kabında ekmek ununu, çavdar ununu, rezene tohumlarını, tuzu ve mayayı birleştirin.

b) Balı ve ılık suyu ekleyin ve yapışkan bir hamur oluşana kadar karıştırın.

c) Hamuru unlu bir yüzeyde pürüzsüz ve elastik hale gelinceye kadar 10-15 dakika yoğurun.

ç) Hamuru yağlanmış bir kaseye koyun ve plastik ambalajla örtün. Sıcak bir ortamda 1 saat kadar mayalanmaya bırakın.

d) Fırını önceden 220°C'ye (425°F) ısıtın ve büyük bir tencerede suyu kaynatın.

e) Hamuru 5 eşit parçaya bölüp simit şekli verin. Simitleri mısır unu serpilmiş bir fırın tepsisine yerleştirin.

f) Simitlerin her iki tarafını da 2'şer dakika haşlayın ve ardından tekrar fırın tepsisine aktarın.

g) Simitleri yumurta sarısıyla fırçalayın ve istenirse ilave kimyon tohumu serpin.

ğ) Simitleri altın kahverengi olana ve tamamen pişene kadar 20-25 dakika pişirin.

2.Tortas De Aceite

İÇİNDEKİLER:
- 1 ½ ila 2 ½ bardak İtalyan 00 unu veya kek unu
- 1 çay kaşığı deniz tuzu
- 2 çay kaşığı rezene tohumu
- ½ fincan İspanyol sızma zeytinyağı ve fırın tepsileri için daha fazlası
- ⅔ bardak ılık su
- 3 yemek kaşığı ham şeker artı serpmek için ekstra
- 2 çay kaşığı aktif kuru veya hazır maya
- Toz almak için şekerleme şekeri
- Çalışma yüzeyi için çok amaçlı un
- 1 büyük yumurta beyazı çırpılmış

TALİMATLAR:

a) Fırını önceden 450°F'ye (230°C) ısıtın.
b) Büyük bir kapta 1 ½ su bardağı un (180 g), tuz ve rezene tohumlarını karıştırın.
c) Yağı bir ölçüm kabına veya içinde su bulunan başka bir kaseye dökün, şekeri ve mayayı ekleyip iyice karıştırın. Köpük haline gelinceye kadar birkaç dakika dinlendirin.
ç) Unlu karışımın ortasına bir havuz açın ve yavaş yavaş mayalı karışımı dökün, bir çatal kullanarak unu yavaş yavaş karıştırın. Her şey bir araya gelmeye başladığında ellerinizi kullanarak pürüzsüz bir hamur haline getirin. Hamur çok yapışkansa, kalan 1 su bardağı unun bir kısmını veya tamamını, pürüzsüz bir hamur oluşana kadar azar azar ekleyin. En az ½ bardak ve tam 1 bardak kadar eklemeniz gerekmesi oldukça olasıdır.
d) 2 büyük fırın tepsisini hafifçe yağlayın ve ardından şekerleme şekeriyle tozlayın. Temiz bir çalışma yüzeyini ve oklavayı çok amaçlı unla hafifçe unlayın.
e) Hamurunuzu 12 eşit parçaya bölün ve her birine top şekli verin. Her topu neredeyse yarı saydam olana ve çapı yaklaşık 4 inç olana kadar açın.
f) Her tortayı bir fırın tepsisine yerleştirin ve hafifçe çırpılmış yumurta akı ile fırçalayın. Hamuru önce şekerleme şekeri ve ardından biraz ham şekerle hafifçe tozlayın.
g) 5 ila 12 dakika veya altın rengi ve gevrek olana kadar pişirin. Saniyeler içinde yanabilecekleri için tortaları yakından izleyin.
ğ) Tortaları soğuması ve gevrek olması için hemen tel raflara aktarın.
h) Sıcak veya oda sıcaklığında tüketin. Siz bir ısırık aldığınızda tortalar ufalanıp pul pul güzelliğe dönüşecek ve ardından saniyeler içinde hızla tatlı bir hiçliğe dönüşecek. Çok sevimli.

3.Hava fritözü Kahvaltı Güveç

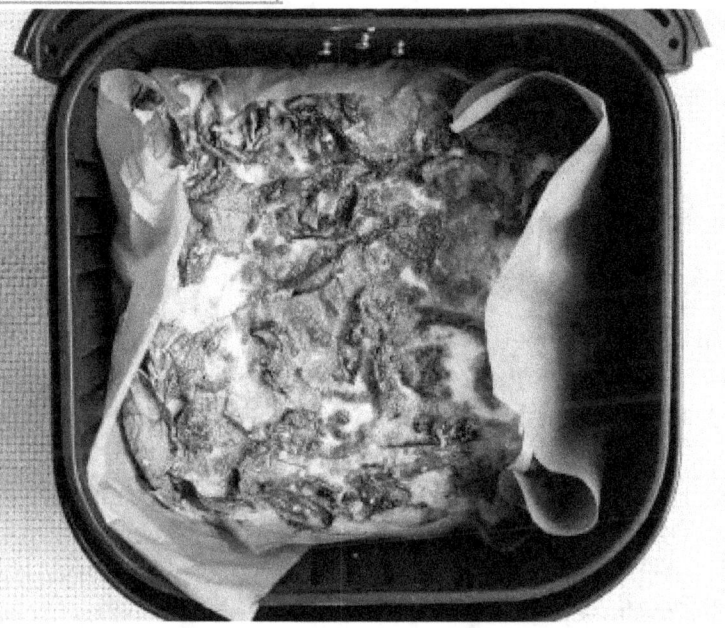

İÇİNDEKİLER:
- 1 lb. Kıyılmış Sosis
- 1 çay kaşığı Rezene Tohumu
- 1 adet Küplenmiş Yeşil Biber
- ½ Bardak Colby Jack Peyniri, Kıyılmış
- ¼ Bardak Soğan, Doğranmış
- 8 Bütün Yumurta, Dövülmüş
- ½ çay kaşığı Sarımsak Tuzu

TALİMATLAR:
a) Hava fritözündeki tava fonksiyonunu kullanarak soğanı ve biberi ekleyin ve sebzeler yumuşayana ve sosis pişene kadar kıyma sosisiyle birlikte pişirin.
b) Hava Fritöz tavasını kullanarak yapışmaz pişirme spreyi püskürtün.
c) Öğütülmüş sosis karışımını tavanın tabanına yerleştirin. Üzerine peynir ekleyin.
d) Çırpılmış yumurtaları peynir ve sosisin üzerine eşit şekilde dökün.
e) Rezene tohumunu ve sarımsak tuzunu ekleyip 390 derecede 15 dakika pişirin.

4.Beş Baharatlı Krep

İÇİNDEKİLER:

- 1 fincan çok amaçlı un
- 2 yemek kaşığı toz şeker
- 1 çay kaşığı kabartma tozu
- ½ çay kaşığı karbonat
- ¼ çay kaşığı tuz
- ½ çay kaşığı öğütülmüş tarçın
- ½ çay kaşığı öğütülmüş zencefil
- ¼ çay kaşığı öğütülmüş karanfil
- ¼ çay kaşığı öğütülmüş rezene tohumu
- ¼ çay kaşığı öğütülmüş yıldız anason
- 1 bardak ayran
- ½ bardak süt
- 1 büyük yumurta
- 2 yemek kaşığı eritilmiş tereyağı

TALİMATLAR:

a) Büyük bir kapta un, şeker, kabartma tozu, kabartma tozu, tuz, tarçın, zencefil, karanfil, rezene tohumu ve yıldız anasonunu birlikte çırpın.

b) Başka bir kapta ayran, süt, yumurta ve eritilmiş tereyağını birlikte çırpın.

c) Islak malzemeleri kuru malzemelerin içine dökün ve birleşene kadar karıştırın.

ç) Yapışmaz bir tavayı veya ızgarayı orta ateşte ısıtın ve hafifçe yağlayın.

d) Her gözleme için ¼ fincan hamuru tavaya dökün. Yüzeyde kabarcıklar oluşana kadar pişirin, ardından çevirin ve 1-2 dakika daha pişirin.

e) Kalan meyilli ile tekrarlayın. Krepleri bir tutam pudra şekeri ve bir çiseleyen bal ile servis edin.

5.Rezene, Sosis ve Patates Haşlaması

İÇİNDEKİLER:
- 1 rezene soğanı, ince dilimlenmiş
- 2 patates, doğranmış
- 1 soğan, doğranmış
- 2 diş sarımsak, kıyılmış
- 2-3 İtalyan sosisi, kabukları çıkarılmış
- Tatmak için biber ve tuz
- Yemek pişirmek için zeytinyağı
- Kıyılmış taze otlar (maydanoz veya kekik gibi) (isteğe bağlı)
- Yumurta (isteğe bağlı, servis için)

TALİMATLAR:

a) Zeytinyağını büyük bir tavada orta ateşte ısıtın. Küp küp doğranmış patatesleri ekleyin ve yaklaşık 8-10 dakika, kahverengileşene kadar pişirin.

b) Tavaya dilimlenmiş rezeneyi, doğranmış soğanı ve kıyılmış sarımsağı ekleyin. Sebzeler yumuşayıp hafifçe karamelize olana kadar ara sıra karıştırarak yaklaşık 8-10 dakika pişirin.

c) Bu arada, başka bir tavada, İtalyan sosislerini orta ateşte, bir kaşıkla daha küçük parçalara bölerek, kızarana ve iyice pişene kadar pişirin.

ç) Sebzeler pişip sosisler kızardıktan sonra tavada sebzelerle birleştirin. Birleştirmek için iyice karıştırın ve tadına göre tuz ve karabiber ekleyin.

d) İsterseniz haşlamada çukurlar açın ve içine yumurtaları kırın. Tavayı kapatın ve yumurtalar istediğiniz kıvamda pişene kadar pişirin.

e) Rezene, sosis ve patates karışımını, istenirse doğranmış taze otlarla süsleyerek sıcak olarak servis edin.

6.Rezene ve Domates Kahvaltı Omlet

İÇİNDEKİLER:
- 1 rezene soğanı, ince dilimlenmiş
- 1 soğan, ince dilimlenmiş
- 2 domates, doğranmış
- 6 yumurta
- 1/4 bardak süt veya krema
- Tatmak için biber ve tuz
- Yemek pişirmek için zeytinyağı
- İsteğe göre rendelenmiş peynir (Parmesan veya kaşar gibi)

TALİMATLAR:
a) Fırınınızı önceden 350°F (175°C) ısıtın.
b) Zeytinyağını fırına dayanıklı bir tavada orta ateşte ısıtın. Dilimlenmiş rezeneyi ve soğanı tavaya ekleyin ve yumuşayıp hafifçe karamelize olana kadar yaklaşık 8-10 dakika pişirin.
c) Küp küp doğradığınız domatesleri tavaya ekleyin ve 2-3 dakika daha pişirin.
ç) Bir karıştırma kabında yumurtaları, sütü veya kremayı, tuzu ve karabiberi birlikte çırpın.
d) Yumurta karışımını tavadaki sebzelerin üzerine dökün ve sebzelerin eşit şekilde dağıldığından emin olun.
e) Omletyı ocakta 3-4 dakika kenarları sertleşene kadar pişirin.
f) İsterseniz Omletnın üzerine rendelenmiş peyniri serpin.
g) Tavayı önceden ısıtılmış fırına aktarın ve 12-15 dakika veya Omlet sertleşip üstü hafifçe altın rengi oluncaya kadar pişirin.
ğ) Fırından çıkarın ve dilimleyip servis etmeden önce biraz soğumasını bekleyin.

7.Rezene ve Füme Somon Kahvaltı Salatası

İÇİNDEKİLER:
- 1 rezene soğanı, ince dilimlenmiş
- 1 elma, ince dilimlenmiş
- 4 ons füme somon, dilimlenmiş
- 2 su bardağı karışık yeşillik
- 1/4 su bardağı kıyılmış ceviz veya badem
- 1 limonun suyu
- Zeytin yağı
- Tatmak için biber ve tuz

TALİMATLAR:

a) Büyük bir kapta dilimlenmiş rezeneyi, elmayı, karışık yeşillikleri ve doğranmış fındıkları birleştirin.

b) Salatayı zeytinyağı ve limon suyuyla gezdirin, tuz ve karabiberle tatlandırın. Birleştirmek için yavaşça atın.

c) Salatayı servis tabaklarına paylaştırın ve her porsiyonun üzerine füme somon dilimleri koyun.

ç) Rezene ve füme somon kahvaltı salatasını, isterseniz en sevdiğiniz kahvaltı ekmeği veya kızarmış ekmek eşliğinde hemen servis edin.

8.Rezene ve Sosis Kahvaltı Hash

İÇİNDEKİLER:
- 1 yemek kaşığı zeytinyağı
- 1 kiloluk kahvaltı sosisi, kasası çıkarılmış
- 1 büyük patates, doğranmış
- 1 küçük soğan, doğranmış
- 1 rezene soğanı, ince dilimlenmiş
- 1 çay kaşığı rezene tohumu
- Tatmak için biber ve tuz
- 4 yumurta
- Kıyılmış taze maydanoz (süslemek için)

TALİMATLAR:
a) Zeytinyağını büyük bir tavada orta ateşte ısıtın. Kahvaltı sosisini ekleyin ve bir kaşıkla parçalayarak, kızarana ve iyice pişene kadar pişirin.

b) Tavaya doğranmış patatesleri ekleyin ve ara sıra karıştırarak altın rengi kahverengi olana ve yumuşayana kadar pişirin.

c) Doğranmış soğanı ve dilimlenmiş rezene soğanını karıştırın. Yumuşayana kadar pişirin.

ç) Tadına göre rezene tohumu, tuz ve karabiber ekleyin. Aromaların birbirine geçmesi için 2-3 dakika daha pişirin.

d) Karma karışımında dört kuyucuk oluşturun ve her kuyucuğa bir yumurta kırın. Tavayı kapatın ve yumurtalar istediğiniz pişme seviyesine gelinceye kadar pişirin.

e) Kahvaltılık harcı taze kıyılmış maydanozla süsleyerek sıcak olarak servis edin.

9.Rezene ve Ispanaklı Kahvaltı Omlet

İÇİNDEKİLER:
- 8 yumurta
- 1 rezene soğanı, ince dilimlenmiş
- 2 su bardağı bebek ıspanak yaprağı
- 1/2 su bardağı rendelenmiş parmesan peyniri
- 2 yemek kaşığı zeytinyağı
- Tatmak için biber ve tuz

TALİMATLAR:
a) Fırınınızı önceden 375°F (190°C) ısıtın.
b) Zeytinyağını fırına dayanıklı bir tavada orta ateşte ısıtın. Dilimlenmiş rezeneyi ekleyin ve yumuşayana kadar yaklaşık 5 dakika pişirin.
c) Bebek ıspanak yapraklarını tavaya ekleyin ve solana kadar pişirin.
ç) Bir kasede yumurtaları, rendelenmiş parmesan peynirini, tuzu ve karabiberi çırpın.
d) Yumurta karışımını, pişmiş rezene ve ıspanağın üzerine tavaya dökün. Malzemelerin eşit şekilde dağılması için hafifçe karıştırın.
e) Omlet'yı ocakta kenarları sertleşene kadar 3-4 dakika pişirin.
f) Tavayı önceden ısıtılmış fırına aktarın ve 10-12 dakika veya Omlet sertleşip üstü altın rengi kahverengi olana kadar pişirin.
g) Fırından çıkarın ve dilimleyip servis etmeden önce biraz soğumasını bekleyin.

10.Rezene ve Keçi Peynirli Kahvaltılık Tart

İÇİNDEKİLER:

- 1 yaprak dondurulmuş puf böreği, çözülmüş
- 1 rezene soğanı, ince dilimlenmiş
- 4 ons keçi peyniri, ufalanmış
- 2 yemek kaşığı bal
- Süslemek için taze kekik yaprakları
- Tatmak için biber ve tuz

TALİMATLAR:

a) Fırınınızı 200°C'ye (400°F) önceden ısıtın.
b) Çözülmüş puf böreğini hafifçe unlanmış bir yüzeyde dikdörtgen şeklinde açın. Parşömen kaplı bir fırın tepsisine aktarın.
c) İnce dilimlenmiş rezeneyi milföy hamurlarının üzerine kenarlarına bordür kalacak şekilde dizin.
ç) Ufalanmış keçi peynirini rezene dilimlerinin üzerine eşit şekilde serpin. Üzerine bal gezdirin.
d) Tatmak için tuz ve karabiber ekleyin.
e) Önceden ısıtılmış fırında 20-25 dakika veya hamur işi altın rengi kahverengi olana ve üst kısımlar karamelize olana kadar pişirin.
f) Fırından çıkarın ve hafifçe soğumasını bekleyin. Servis yapmadan önce taze kekik yapraklarıyla süsleyin. Dilimler halinde kesin ve ılık veya oda sıcaklığında tadını çıkarın.

11. Rezene ve Elmalı Kahvaltı Salatası

İÇİNDEKİLER:
- 1 rezene soğanı, ince dilimlenmiş
- 1 elma, ince dilimlenmiş
- 1/4 bardak kızarmış ceviz, doğranmış
- 2 yemek kaşığı taze limon suyu
- 1 yemek kaşığı bal
- 2 yemek kaşığı sızma zeytinyağı
- Tatmak için biber ve tuz
- Garnitür için taze maydanoz veya rezene yaprakları

TALİMATLAR:
a) Büyük bir kapta dilimlenmiş rezeneyi, dilimlenmiş elmayı ve kavrulmuş cevizi birleştirin.
b) Sosu hazırlamak için küçük bir kapta taze limon suyu, bal, sızma zeytinyağı, tuz ve karabiberi çırpın.
c) Sosu salata malzemelerinin üzerine dökün ve eşit şekilde kaplayacak şekilde fırlatın.
ç) Servis yapmadan önce salatayı taze maydanoz veya rezene yapraklarıyla süsleyin.

12.Rezene ve Ricotta Kahvaltı Tostu

İÇİNDEKİLER:

- 4 dilim tam tahıllı ekmek, kızartılmış
- 1 rezene soğanı, ince dilimlenmiş
- 1/2 bardak ricotta peyniri
- 1 limon kabuğu rendesi ve
- 1 yemek kaşığı doğranmış taze dereotu
- Tatmak için biber ve tuz
- Üzerine serpmek için zeytinyağı

TALİMATLAR:

a) Küçük bir kapta ricotta peyniri, limon kabuğu rendesi, doğranmış taze dereotu, tuz ve karabiberi karıştırın.
b) Ricotta karışımını kızartılmış tam tahıllı ekmek dilimlerinin üzerine eşit şekilde dağıtın.
c) Her tost ekmeğinin üzerine ince dilimlenmiş rezene serpin.
ç) Üzerine zeytinyağı gezdirin ve istenirse ilave tuz ve karabiber serpin.
d) Rezene ve ricotta kahvaltılık tostları hemen servis edin.

13.Rezene ve Patates Kahvaltı Omlet Muffin

İÇİNDEKİLER:
- 6 büyük yumurta
- 1 rezene soğanı, ince doğranmış
- 1 küçük patates, soyulmuş ve doğranmış
- 1/4 su bardağı rendelenmiş parmesan peyniri
- 2 yemek kaşığı kıyılmış taze maydanoz
- Tatmak için biber ve tuz
- Muffin kalıbını yağlamak için pişirme spreyi veya zeytinyağı

TALİMATLAR:
a) Fırınınızı önceden 375°F (190°C) ısıtın. Muffin kalıbını pişirme spreyi veya zeytinyağıyla yağlayın.
b) Bir kapta yumurtaları, rendelenmiş Parmesan peynirini, doğranmış taze maydanozu, tuzu ve karabiberi birlikte çırpın.
c) İnce doğranmış rezene ve patatesi muffin kaplarına eşit şekilde paylaştırın.
ç) Yumurta karışımını her muffin kabındaki rezene ve patatesin üzerine dökün ve neredeyse ağzına kadar doldurun.
d) Önceden ısıtılmış fırında 20-25 dakika veya Omlet muffinleri sertleşene ve üzeri altın rengi kahverengi olana kadar pişirin.
e) Fırından çıkarın ve muffin kalıbından çıkarmadan önce hafifçe soğumasını bekleyin. Sıcak veya oda sıcaklığında servis yapın.

ATIŞTIRMALIKLAR VE MEZELER

14. İtalyan Rezene Taralli

İÇİNDEKİLER:
- 3 su bardağı çok amaçlı un
- 1 çay kaşığı tuz
- 1 çay kaşığı karabiber
- 1 çay kaşığı rezene tohumu
- ¼ fincan sızma zeytinyağı
- 1 bardak kuru beyaz şarap

TALİMATLAR:
a) Fırınınızı önceden 350°F (175°C)'ye ısıtın ve fırın tepsisini parşömen kağıdıyla kaplayın.
b) Büyük bir kapta un, tuz, karabiber ve rezene tohumlarını birleştirin.
c) Zeytinyağını kaseye ekleyin ve iyice karışana kadar karıştırın.
ç) Yavaş yavaş beyaz şarabı ekleyin ve hamur oluşana kadar karıştırın.
d) Hamuru unlu bir yüzeye alın ve pürüzsüz hale gelinceye kadar birkaç dakika yoğurun.
e) Hamuru küçük parçalara bölün ve her parçayı yaklaşık ½ inç kalınlığında ve 4-6 inç uzunluğunda ip şeklinde yuvarlayın.
f) Her bir ipi çubuk kraker şekline getirin ve sabitlemek için uçları birbirine bastırın.
g) Hazırlanan fırın tepsisine krakerleri yerleştirin.
ğ) 20-25 dakika veya altın rengi kahverengi olana kadar pişirin.
h) Servis yapmadan önce taralli'nin soğumasını bekleyin.

15.Rezene ve Soğan Krakeri

İÇİNDEKİLER:
- 2 fincan çok amaçlı un
- 2 yemek kaşığı Rezene tohumu
- 1½ çay kaşığı Tuz
- 1 çay kaşığı Karabiber
- ¼ bardak artı 2 yemek kaşığı
- 2 yemek kaşığı (¼ çubuk) Tereyağı veya Margarin, yumuşatılmış
- 1¼ bardak Kıyılmış soğan (yaklaşık bir orta boy soğan)
- 2 yemek kaşığı Su

TALİMATLAR:

a) Fırını önceden 375°F'ye (190°C) ısıtın.
b) Rezene tohumlarını kabaca öğüterek başlayın. Bir yiyecek değirmeni veya blender kullanabilir veya bunları bir bıçakla elle doğrayabilirsiniz. Gelecekteki tariflerde elinizin altında olması için daha büyük bir partiyi öğütmek isteyebilirsiniz. Daha güçlü bir rezene aroması istiyorsanız, krakerlerin üzerine serpmek için ekstra tohumları öğütün.
c) Bir mutfak robotunda veya büyük bir karıştırma kabında çok amaçlı un, öğütülmüş rezene tohumu, tuz ve karabiberi birleştirin.
ç) Karışım iri bir öğüne benzeyene kadar katı yağı ve yumuşatılmış tereyağını kesin.
d) Kıyılmış soğanı karıştırın ve ardından yapışkan bir top halinde bir arada tutulacak pürüzsüz bir hamur oluşturmak için yeterli su ekleyin.
e) Yuvarlamak için hamuru 2 eşit parçaya bölün.
f) Unlu bir yüzey veya hamur işi bezi üzerinde, her bir parçayı ⅛ ila ¼ inç kalınlığında bir dikdörtgen şeklinde açın.
g) İstenirse, açılan hamurun üzerine hafifçe ve eşit miktarda ekstra öğütülmüş rezene tohumu serpin. Hamurun üzerine bastırmak için oklavayı yavaşça yuvarlayın.
ğ) Hamuru 2 inçlik kareler halinde kesmek için keskin bir bıçak kullanın ve ardından bu kareleri yağlanmamış bir fırın tepsisine aktarın.
h) Her kareye çatalın dişleriyle 2 veya 3 kez delik açın.
ı) Önceden ısıtılmış fırında 15 ila 20 dakika veya krakerlerin kenarları altın rengi kahverengiye dönene kadar pişirin.
i) Piştikten sonra rezene ve soğanlı krakerleri fırından çıkarın ve tel ızgara üzerinde soğumaya bırakın.
j) Bu leziz krakerler, rezenenin belirgin tadı ve kıyılmış soğanın lezzetli ilavesi ile pul pul, yumuşak ve gevrektir.

16. Rezene ve Keçi Peynirli Crostini

İÇİNDEKİLER:
- Baget, dilimlenmiş
- 1 rezene soğanı, ince dilimlenmiş
- 4 ons keçi peyniri
- 2 yemek kaşığı bal
- Zeytin yağı
- Tatmak için biber ve tuz

TALİMATLAR:
a) Fırını önceden 375°F'ye (190°C) ısıtın.
b) Baget dilimlerini bir fırın tepsisine yerleştirin ve hafifçe zeytinyağıyla fırçalayın. 8-10 dakika veya gevrek ve altın rengi kahverengi olana kadar pişirin.
c) Bir tavada, orta ateşte biraz zeytinyağını ısıtın. İnce dilimlenmiş rezeneyi ekleyin ve yumuşayıp karamelize olana kadar yaklaşık 8-10 dakika pişirin. Tuz ve karabiberle tatlandırın.
ç) Her kızarmış baget diliminin üzerine keçi peynirini sürün.
d) Her crostini'yi karamelize rezene ile doldurun.
e) Crostini'nin üzerine bal gezdirin ve hemen servis yapın.

17.Yoğurt Soslu Rezene ve Havuç Çubukları

İÇİNDEKİLER:
- 1 rezene ampulü, çubuklara dilimlenmiş
- 2 havuç, çubuk şeklinde dilimlenmiş
- 1 bardak Yunan yoğurdu
- 1 yemek kaşığı limon suyu
- 1 yemek kaşığı doğranmış taze dereotu
- Tatmak için biber ve tuz

TALİMATLAR:
a) Sosu hazırlamak için bir kasede Yunan yoğurdu, limon suyu, doğranmış taze dereotu, tuz ve karabiberi karıştırın.
b) Rezene ve havuç çubuklarını servis tabağına dizin.
c) Rezene ve havuç çubuklarını, daldırma için yan taraftaki yoğurt sosuyla birlikte servis edin.

18.Rezene ve Zeytin Tapenade Bruschetta

İÇİNDEKİLER:
- Baget, dilimlenmiş
- 1 rezene soğanı, ince doğranmış
- 1/2 bardak Kalamata zeytini, çekirdekleri çıkarılmış ve doğranmış
- 2 yemek kaşığı kapari, doğranmış
- 2 diş sarımsak, kıyılmış
- 2 yemek kaşığı zeytinyağı
- 1 yemek kaşığı limon suyu
- Tatmak için biber ve tuz
- Kıyılmış taze maydanoz (süslemek için)

TALİMATLAR:
a) Fırını önceden 375°F'ye (190°C) ısıtın.
b) Baget dilimlerini bir fırın tepsisine yerleştirin ve fırında 8-10 dakika veya gevrek ve altın rengi kahverengi olana kadar kızartın.
c) Bir kapta ince kıyılmış rezeneyi, doğranmış Kalamata zeytinini, doğranmış kapariyi, kıyılmış sarımsağı, zeytinyağını, limon suyunu, tuzu ve karabiberi birleştirerek Tapenade'yi hazırlayın.
ç) Her kızarmış baget diliminin üzerine rezene ve zeytin ezmesini kaşıkla dökün.
d) Kıyılmış taze maydanozla süsleyip hemen servis yapın.

19.Rezene ve Portakal Salatası

İÇİNDEKİLER:
- 1 rezene soğanı, ince dilimlenmiş
- 2 portakal, soyulmuş ve ince dilimlenmiş
- 1/4 bardak dilimlenmiş badem, kızartılmış
- 2 yemek kaşığı taze limon suyu
- 2 yemek kaşığı sızma zeytinyağı
- 1 yemek kaşığı bal
- Tatmak için biber ve tuz
- Süslemek için taze nane yaprakları

TALİMATLAR:
a) Büyük bir kapta ince dilimlenmiş rezene ve portakalları birleştirin.
b) Sosu hazırlamak için küçük bir kapta taze limon suyu, sızma zeytinyağı, bal, tuz ve karabiberi çırpın.
c) Sosu rezene ve portakal dilimlerinin üzerine dökün ve kaplamak için hafifçe fırlatın.
ç) Salatayı servis tabağına alın ve üzerine kavrulmuş dilimlenmiş badem serpin.
d) Servis yapmadan önce taze nane yapraklarıyla süsleyin.

20.Rezene ve Füme Somonlu Kanepeler

İÇİNDEKİLER:
- Baget dilimleri, kızarmış
- 1 rezene soğanı, ince dilimlenmiş
- 4 ons füme somon, dilimlenmiş
- 1/4 bardak Crème fraîche veya krem peynir
- Süslemek için taze dereotu
- Süslemek için limon kabuğu rendesi

TALİMATLAR:
a) Her kızarmış baget diliminin üzerine ince bir tabaka Crème fraîche veya krem peynir sürün.
b) Üstüne ince dilimlenmiş rezene ve füme somon dilimleri ekleyin.
c) Servis yapmadan önce taze dereotu ve limon kabuğu rendesi ile süsleyin.

21.Rezene ve Avokado Salsa

İÇİNDEKİLER:
- 1 rezene soğanı, doğranmış
- 2 olgun avokado, doğranmış
- 1 domates, doğranmış
- 1/4 bardak kırmızı soğan, ince doğranmış
- 1 jalapeno biberi, çekirdeği çıkarılmış ve kıyılmış
- 2 yemek kaşığı taze limon suyu
- 2 yemek kaşığı doğranmış taze kişniş
- Tatmak için biber ve tuz

TALİMATLAR:
a) Bir kasede doğranmış rezeneyi, doğranmış avokadoları, doğranmış domatesi, doğranmış kırmızı soğanı ve kıyılmış jalapeno biberini birleştirin.
b) Kaseye taze limon suyu ve doğranmış taze kişniş ekleyin.
c) Tuz ve karabiberle tatlandırın ve birleştirmek için hafifçe fırlatın.
ç) Rezene ve avokado salsasını tortilla cipsiyle veya ızgara balık veya tavuğun üzerine sos olarak servis edin.

22.Rezene ve Ricotta Doldurulmuş Mantarlar

İÇİNDEKİLER:
- 12 adet büyük mantar, sapları çıkarılmış ve kapakları temizlenmiş
- 1 rezene soğanı, ince doğranmış
- 1/2 bardak ricotta peyniri
- 1/4 su bardağı rendelenmiş parmesan peyniri
- 2 yemek kaşığı ekmek kırıntısı
- 2 diş sarımsak, kıyılmış
- 2 yemek kaşığı kıyılmış taze maydanoz
- Tatmak için biber ve tuz
- Üzerine serpmek için zeytinyağı

TALİMATLAR:
a) Fırını önceden 375°F'ye (190°C) ısıtın. Bir fırın tepsisini zeytinyağıyla yağlayın.
b) Bir kapta doğranmış rezene, ricotta peyniri, rendelenmiş Parmesan peyniri, galeta unu, kıyılmış sarımsak, doğranmış taze maydanoz, tuz ve karabiberi birleştirin.
c) Doldurmayı mantar kapaklarının içine dökün ve hazırlanan pişirme kabına yerleştirin.
ç) Üzerine zeytinyağı gezdirin ve önceden ısıtılmış fırında 20-25 dakika veya mantarlar yumuşayıp içi altın rengi oluncaya kadar pişirin.
d) Doldurulmuş mantarları lezzetli bir meze olarak sıcak olarak servis edin.

23.Rezene ve Nohut Humus

İÇİNDEKİLER:
- 1 kutu (15 ons) nohut, süzülmüş ve durulanmış
- 1 rezene soğanı, doğranmış
- 2 diş sarımsak, kıyılmış
- 2 yemek kaşığı tahin
- 2 yemek kaşığı taze limon suyu
- 2 yemek kaşığı zeytinyağı
- 1/2 çay kaşığı öğütülmüş kimyon
- Tatmak için biber ve tuz
- Su (kıvam için gerektiği kadar)
- İsteğe bağlı garnitür: doğranmış taze maydanoz, kırmızı biber

TALİMATLAR:
a) Bir mutfak robotunda nohut, doğranmış rezene, kıyılmış sarımsak, tahin, taze limon suyu, zeytinyağı, öğütülmüş kimyon, tuz ve karabiberi birleştirin.
b) Pürüzsüz olana kadar karıştırın, istediğiniz kıvama ulaşmak için gerektiği kadar su ekleyin.
c) Gerekirse baharatı tadın ve ayarlayın.
ç) Humus'u servis kasesine aktarın ve doğranmış taze maydanoz ve istenirse bir tutam kırmızı biberle süsleyin.
d) Daldırma için pide ekmeği, kraker veya taze sebze çubukları ile servis yapın.

24.Rezene ve Keçi Peyniri Dolması Hurma

İÇİNDEKİLER:
- 12 Medjool hurması, çekirdekleri çıkarılmış
- 4 ons keçi peyniri
- 1 rezene soğanı, ince dilimlenmiş
- Üzerine sürmek için bal
- İsteğe bağlı garnitür: kıyılmış antep fıstığı

TALİMATLAR:
a) Çekirdekleri çıkarılmış her hurmanın içini az miktarda keçi peyniriyle doldurun.
b) Her doldurulmuş hurmanın üstüne bir dilim ince dilimlenmiş rezene koyun.
c) Doldurulan hurmaların üzerine bal gezdirin.
ç) İsteğe bağlı olarak, daha fazla doku ve lezzet için doğranmış antep fıstığı ile süsleyin.
d) Tatlı ve tuzlu meze veya atıştırmalık olarak servis yapın.

25.Rezene ve Güneşte Kurutulmuş Domates Tapenade Crostini

İÇİNDEKİLER:
- Baget, dilimlenmiş ve kızartılmış
- 1 rezene soğanı, ince doğranmış
- 1/2 su bardağı güneşte kurutulmuş domates (yağda paketlenmiş), suyu süzülmüş ve doğranmış
- 2 yemek kaşığı kapari, süzülmüş
- 2 diş sarımsak, kıyılmış
- 2 yemek kaşığı sızma zeytinyağı
- Tatmak için biber ve tuz
- Süslemek için taze fesleğen yaprakları

TALİMATLAR:
a) Bir mutfak robotunda ince doğranmış rezeneyi, güneşte kurutulmuş domatesi, kapariyi, kıyılmış sarımsağı, sızma zeytinyağını, tuzu ve karabiberi birleştirin.
b) Karışım kaba bir macun oluşana kadar darbe uygulayın.
c) Her kızarmış baget diliminin üzerine rezeneyi ve güneşte kurutulmuş domates sosunu sürün.
ç) Her crostiniyi taze fesleğen yaprağıyla süsleyin.
d) Lezzetli bir meze veya atıştırmalık seçeneği olarak servis yapın.

SANDVİÇLER VE SARMALAR

26.Rezeneli Tempura Balık Burger

İÇİNDEKİLER:

- 1 su bardağı (250ml) elma sirkesi
- 2 yemek kaşığı beyaz şeker
- 1 çay kaşığı hardal tohumu ve kimyon tohumu
- 2 adet kurutulmuş biber
- 1 rezene soğanı, ince dilimlenmiş
- 2 Lübnan salatalığı, ince dilimlenmiş
- 1 küçük demet dereotu
- ¾ bardak (225g) aioli
- Kızartmak için ayçiçek yağı
- 200g tempura unu, ayrıca toz almak için ekstra
- 2 orta boy balık filetosu, kemikleri çıkarılmış, her bir fileto ikiye bölünmüş
- 4 büyük börek rulosu, kızartılmış
- Iceberg marul, servis için

TALİMATLAR:
a) Bir tencerede elma sirkesi, beyaz şeker, hardal tohumu, kimyon tohumu, kurutulmuş biber, 2 çay kaşığı tuz ve ¾ bardak (180 ml) suyu birleştirin.
b) Karışımı kaynatın, ardından ısıyı azaltın ve 5 dakika pişirin. Isıya dayanıklı bir kaseye ince dilimlenmiş rezeneyi, salatalığı ve dereotunun dörtte üçünü koyun.
c) Sıcak sirke karışımını üzerlerine dökün ve soğumaya bırakın ve en az 10 dakika hafifçe turşulayın.
ç) Ayçiçek yağını fritözde veya büyük bir tencerede 190°C'ye ısıtın (yağ yeterince ısındığında bir küp ekmek 10 saniyede altın rengine dönecektir).
d) Hamuru yapmak için tempura unu paketindeki talimatları izleyin.
e) Balıkları hafifçe ekstra unla tozlayın ve hamurla kaplayın. Balıkları bir kez çevirerek 2-3 dakika altın rengi oluncaya kadar kızartın. Bunları kağıt havlulara boşaltın.

BURGERLERİ BİRLEŞTİRİN:
f) Turşuların yarısını süzün (kalan kısmı ağzı kapalı bir kapta buzdolabında 2 haftaya kadar saklanabilir).
g) Kızarmış börek rulolarının tabanlarına dereotu aiolisinin yarısını yayın, ardından üzerine marul, tempura ile kızartılmış balık, turşu ve kalan dereotu aioli'yi ekleyin. Son olarak burgerleri ruloların üst kısımlarıyla sandviçleyin.
ğ) Salatalık ve Rezene Turşusu ile lezzetli Tempura Balık Burgerinizin tadını çıkarın!

27.Izgara Rezene ve Tavuklu Sandviç

İÇİNDEKİLER:
- 2 kemiksiz, derisiz tavuk göğsü
- 1 rezene soğanı, ince dilimlenmiş
- 1 yemek kaşığı zeytinyağı
- Tatmak için biber ve tuz
- 4 dilim tam tahıllı ekmek
- 1/4 su bardağı keçi peyniri
- 2 yemek kaşığı bal
- Bir avuç roka

TALİMATLAR:
a) Izgarayı veya ızgara tavasını orta-yüksek ısıya kadar önceden ısıtın.
b) Tavuk göğüslerini zeytinyağıyla fırçalayıp tuz ve karabiberle tatlandırın.
c) Tavuğu her tarafı 5-6 dakika veya iyice pişene kadar ızgarada pişirin. Izgaradan çıkarıp dinlenmeye bırakın.
ç) Bu arada rezene dilimlerini zeytinyağı, tuz ve karabiberle karıştırın. Her tarafı yumuşayana kadar 2-3 dakika ızgara yapın.
d) Tam tahıllı ekmek dilimlerini kızartın.
e) Kızarmış ekmek dilimlerinin üzerine keçi peynirini sürün. Bal ile gezdirin.
f) Izgara tavukları dilimleyin ve keçi peynirinin üzerine yerleştirin.
g) Üstüne ızgara rezene ve roka ekleyin.
ğ) Sandviçi kapatın ve hemen servis yapın.

28.Rezene ve Elmalı Hindi Burgerleri

İÇİNDEKİLER:

- 1 lb öğütülmüş hindi
- 1 rezene soğanı, rendelenmiş
- 1 elma, rendelenmiş
- 1/4 bardak ekmek kırıntısı
- 1 yumurta
- 2 diş sarımsak, kıyılmış
- 1 çay kaşığı kurutulmuş kekik
- Tatmak için biber ve tuz
- Burger çörekleri
- İsteğe bağlı malzemeler: marul, domates, mayonez

TALİMATLAR:

a) Büyük bir kapta öğütülmüş hindiyi, rendelenmiş rezeneyi, rendelenmiş elma, galeta unu, yumurta, kıyılmış sarımsak, kurutulmuş kekik, tuz ve karabiberi birleştirin.

b) İyice birleşene kadar karıştırın, ardından burger köftesi haline getirin.

c) Bir ızgarayı veya ızgara tavasını orta ateşte ısıtın. Burgerlerin her tarafını 5-6 dakika veya iyice pişene kadar pişirin.

ç) İstenirse burger ekmeğini ızgarada kızartın.

d) Burgerleri isteğe bağlı malzemelerle birleştirin ve sıcak olarak servis yapın.

29. Rezene ve Kavrulmuş Sebze Sarma

İÇİNDEKİLER:

- 1 rezene soğanı, ince dilimlenmiş
- 1 kırmızı dolmalık biber, ince dilimlenmiş
- 1 sarı dolmalık biber, ince dilimlenmiş
- 1 kabak, ince dilimlenmiş
- 1 soğan, ince dilimlenmiş
- 2 yemek kaşığı zeytinyağı
- Tatmak için biber ve tuz
- 4 büyük tam buğday sarması
- 1/2 bardak humus
- Bir avuç bebek ıspanak

TALİMATLAR:

a) Fırını 200°C'ye (400°F) önceden ısıtın.
b) Dilimlenmiş rezeneyi, dolmalık biberi, kabakları ve soğanı fırın tepsisine yerleştirin. Zeytinyağı gezdirip tuz ve karabiberle tatlandırın. Ceketini fırlat.
c) Sebzeleri önceden ısıtılmış fırında 20-25 dakika veya yumuşayana ve hafifçe karamelize olana kadar kızartın.
ç) Tam buğdaylı sarmaları fırında veya mikrodalgada ısıtın.
d) Humus'u her sargının üzerine eşit şekilde yayın.
e) Kavrulmuş sebzeleri ve körpe ıspanakları humusun üzerine yerleştirin.
f) Sardığınız ruloları sıkıca sarın, isteğe göre ikiye bölüp servis yapın.

30. Rezene ve Füme Somon Sarma

İÇİNDEKİLER:
- 4 büyük tam tahıllı ambalaj
- 8 ons füme somon
- 1 rezene soğanı, ince dilimlenmiş
- 1/2 bardak Yunan yoğurdu
- 2 yemek kaşığı taze dereotu, doğranmış
- 2 yemek kaşığı kapari, süzülmüş
- 1 limonun kabuğu rendesi ve suyu
- Tatmak için biber ve tuz

TALİMATLAR:
a) Küçük bir kapta Yunan yoğurdu, doğranmış taze dereotu, kapari, limon kabuğu rendesi ve limon suyunu karıştırın. Tatmak için tuz ve karabiber ekleyin.
b) Tam tahıllı ambalajları yerleştirin ve her bir ambalajın üzerine bol miktarda yoğurt karışımını yayın.
c) Füme somonu ve ince dilimlenmiş rezeneyi sarmaların arasına eşit şekilde paylaştırın.
ç) Sargıları sıkıca yuvarlayın, istenirse ikiye bölün ve hemen servis yapın.

31.Rezene ve Pesto Tavuklu Sandviç

İÇİNDEKİLER:
- 2 kemiksiz, derisiz tavuk göğsü
- 1 rezene soğanı, ince dilimlenmiş
- 4 dilim ciabatta ekmeği
- 4 yemek kaşığı fesleğen pesto
- 1 domates, dilimlenmiş
- Bir avuç bebek ıspanak
- Tatmak için biber ve tuz

TALİMATLAR:
a) Izgarayı veya ızgara tavasını orta-yüksek ısıya kadar önceden ısıtın.
b) Tavuk göğüslerini tuz ve karabiberle tatlandırın, ardından her tarafı 5-6 dakika veya tamamen pişene kadar ızgarada pişirin. Izgaradan çıkarıp dinlenmeye bırakın.
c) Ciabatta ekmek dilimlerini kızartın.
ç) Her kızarmış ekmek diliminin bir tarafına fesleğen pesto sürün.
d) Izgara tavuğu dilimleyin ve ekmek dilimleri arasında eşit şekilde bölün.
e) Üzerine dilimlenmiş rezene, domates dilimleri ve körpe ıspanak ekleyin.
f) Sandviçleri kapatın ve hemen servis yapın.

32.Rezene ve Beyaz Fasulye Burger

İÇİNDEKİLER:
- 1 rezene soğanı, ince doğranmış
- 1 kutu (15 oz) beyaz fasulye, süzülmüş ve durulanmış
- 1/2 bardak ekmek kırıntısı
- 1/4 su bardağı rendelenmiş parmesan peyniri
- 1 yumurta
- 2 diş sarımsak, kıyılmış
- 1 çay kaşığı kurutulmuş kekik
- Tatmak için biber ve tuz
- Burger çörekleri
- İsteğe bağlı malzemeler: marul, domates, avokado

TALİMATLAR:
a) Bir mutfak robotunda doğranmış rezene, beyaz fasulye, galeta unu, Parmesan peyniri, yumurta, kıyılmış sarımsak, kurutulmuş kekik, tuz ve karabiberi birleştirin. Karışım birleşinceye kadar ama yine de biraz tıknaz olana kadar nabız atın.

b) Karışımı burger köftesi haline getirin.

c) Tavayı orta ateşte ısıtın ve pişirme spreyi veya zeytinyağıyla kaplayın. Burgerlerin her tarafını 4-5 dakika veya altın rengi kahverengi olana ve iyice ısıtılana kadar pişirin.

ç) İstenirse burger ekmeğini tavada kızartın.

d) Burgerleri isteğe bağlı malzemelerle birleştirin ve sıcak olarak servis yapın.

33.Rezene ve Elma Salatası Sarması

İÇİNDEKİLER:
- 1 rezene soğanı, ince dilimlenmiş
- 1 elma jülyen doğranmış
- 1 havuç, jülyen doğranmış
- 1/4 bardak Yunan yoğurdu
- 2 yemek kaşığı elma sirkesi
- 1 yemek kaşığı bal
- Tatmak için biber ve tuz
- 4 büyük tam buğday sarması
- Bir avuç karışık yeşillik

TALİMATLAR:
a) Büyük bir kapta ince dilimlenmiş rezeneyi, jülyen doğranmış elmayı ve jülyen doğranmış havucu birleştirin.
b) Sosu hazırlamak için küçük bir kapta Yunan yoğurdu, elma sirkesi, bal, tuz ve karabiberi çırpın.
c) Sosu rezene, elma ve havuç karışımının üzerine dökün. İyice kaplanana kadar fırlatın.
ç) Tam buğdaylı sarmaları fırında veya mikrodalgada ısıtın.
d) Her bir sarmanın üzerine bir avuç dolusu karışık yeşillik koyun ve üzerine rezene ve elma salatası ekleyin.
e) Sardığınız ruloları sıkıca sarın, isteğe göre ikiye bölüp servis yapın.

34. Rezene ve Rosto Dana Panini

İÇİNDEKİLER:

- 1 rezene soğanı, ince dilimlenmiş
- 8 dilim ekşi mayalı ekmek
- 8 dilim dana eti
- 4 dilim provolon peyniri
- 1/4 bardak mayonez
- 2 yemek kaşığı Dijon hardalı
- Izgara için zeytinyağı veya tereyağı

TALİMATLAR:

a) Panini presini veya ızgara tavasını orta ateşte önceden ısıtın.
b) Küçük bir kapta mayonez ve Dijon hardalını karıştırın.
c) Her bir ekşi mayalı ekmek diliminin bir tarafına mayonez karışımını sürün.
ç) Ekmek dilimlerinin yarısının üzerine rosto etini, provolon peynirini ve ince dilimlenmiş rezeneyi katlayın. Kalan ekmek dilimlerini üstüne yerleştirin.
d) Sandviçlerin dış yüzeylerini zeytinyağı veya tereyağıyla fırçalayın.
e) Sandviçleri panini presine veya ızgara tavasına yerleştirin ve 3-4 dakika veya ekmek altın rengi kahverengi oluncaya ve peynir eriyene kadar pişirin.
f) Ocaktan alıp isteğe göre ikiye bölüp sıcak olarak servis yapın.

ANA DİL

35.Portakal ve Rezene Lahana Salatası ile Barbekü Aslan Balığı

İÇİNDEKİLER:

- 1 büyük rezene soğanı, ince dilimlenmiş
- 1 küçük lahana, doğranmış
- 1 diş sarımsak, kıyılmış
- 2 büyük portakal, soyulmuş ve dilimlenmiş
- 1 küçük kırmızı soğan, ince dilimlenmiş
- ¼ bardak Haiti bademi
- 1 çay kaşığı koşer tuzu
- ½ çay kaşığı taze çekilmiş karabiber
- 3 yemek kaşığı zeytinyağı
- 6 yaprak taze fesleğen, yırtılmış
- 3 yemek kaşığı taze limon suyu
- ½ çay kaşığı ezilmiş kişniş tohumu
- 4 adet büyük aslan balığı filetosu

TALİMATLAR:
PORTAKAL LAHATININ HAZIRLANMASI:

a) Küçük bir kapta rezene ve lahanayı sarımsak, 1 portakal dilimleri, soğan, badem, ½ çay kaşığı tuz, ¼ çay kaşığı karabiber, 2 yemek kaşığı zeytinyağı ve taze çekilmiş fesleğen ile birleştirin. Kapağını kapatıp yarım saat kadar buzdolabında bekletin.

ASLAN BALIĞINI PİŞİRMEK İÇİN:

b) Kömürlü barbekü ızgarasını ısıtın ve üzerine bir yemek kaşığı yağ sürün. Aslan balığını kalan tuz, karabiber ve ezilmiş kişniş tohumu ile tatlandırın.

c) Filetoları doğrudan ateşe verin ve ilk tarafını 2 dakika ızgaralayın, ardından dikkatlice ters çevirin ve ikinci tarafını tamamen pişene kadar 2 ila 3 dakika daha pişirin.

ç) Tabakların üzerine 2 ila 3 yemek kaşığı portakal salatası dökün. Barbekü aslan balığını her tümseğin üzerine yerleştirin. Kalan portakal dilimleriyle süsleyin.

36. Elma ve pancarla ızgarada pişirilmiş İspanyol uskumru

İÇİNDEKİLER:

- 2 İspanyol uskumru (her biri yaklaşık 2 pound), pulları soyulmuş ve temizlenmiş, solungaçları çıkarılmış
- 2¼ bardak Rezene Salamura
- 1 yemek kaşığı zeytinyağı
- 1 orta boy soğan, ince doğranmış
- 2 orta boy pancar, kavrulmuş, haşlanmış, ızgaralanmış veya konserve; ince doğranmış
- 1 turta elma, soyulmuş, çekirdeği çıkarılmış ve ince doğranmış
- 1 diş sarımsak, kıyılmış
- 1 yemek kaşığı ince kıyılmış taze dereotu veya rezene yaprakları
- 2 yemek kaşığı taze keçi peyniri
- 1 limon, 8 parçaya bölünmüş

TALİMATLAR:

a) Balıkları durulayın ve salamurayla birlikte 1 galonluk fermuarlı bir torbaya koyun, havasını bastırın ve torbayı kapatın. 2 ila 6 saat buzdolabında saklayın.

b) Yağı büyük bir tavada orta ateşte ısıtın. Soğanları ekleyin ve yumuşayana kadar yaklaşık 3 dakika soteleyin. Pancarları ve elmayı ekleyin ve elma yumuşayana kadar yaklaşık 4 dakika soteleyin. Sarımsak ve dereotunu karıştırın ve yaklaşık 1 dakika kadar ısıtın. Karışımı oda sıcaklığına soğutun ve keçi peynirini ekleyerek karıştırın.

c) Bu arada doğrudan orta ısı için yaklaşık 375°F'lik bir ızgara yakın.

ç) Balıkları salamuradan çıkarın ve kurulayın. Salamurayı atın. Balıkların boşluklarını soğumuş pancar ve elma karışımıyla doldurun ve gerekirse iple sabitleyin.

d) Izgara ızgarasını fırçalayın ve yağla kaplayın. Balığı, derisi gevrekleşene ve balık yüzeyde opak görünene kadar ortası hala ince ve nemli olana kadar (anında okunan termometrede 130¼F), her iki tarafta 5 ila 7 dakika ızgara yapın. Balıkları servis tabağına alın ve limon dilimleriyle birlikte servis yapın.

37.Şeftali Fesleğenli Tavuk ve Pirinç Kaseleri

İÇİNDEKİLER:
- 1 bardak yasemin pirinci, durulanmış
- 2 bardak su
- Kaşer tuzu ve taze çekilmiş karabiber
- 1 pound kemiksiz, derisiz tavuk göğsü, küp şeklinde
- 2 yemek kaşığı çok amaçlı un
- 2 yemek kaşığı avokado veya sızma zeytinyağı, bölünmüş
- 1 yemek kaşığı (14 gr) sade yağ veya tuzsuz tereyağı
- ¼ bardak doğranmış taze fesleğen
- 1 şeftali, çekirdeği çıkarılmış ve ince dilimlenmiş
- 6 adet dolu su bardağı (180 gr) körpe ıspanak
- 2 diş sarımsak, kıyılmış
- ½ orta boy İngiliz salatalığı, dilimlenmiş
- 1 küçük rezene soğanı, kesilmiş ve ince dilimlenmiş
- 1 tarif Fesleğenli Keçi Peyniri Sosu,

TALİMATLAR:
a) Orta boy bir tencereye pirinci, suyu ve bir tutam tuzu ekleyin ve kaynatın. Isıyı azaltın, kapağını kapatın ve pirinç yumuşayana kadar yaklaşık 15 dakika pişirin. Ateşten alın ve pirinci kapağı kapalı olarak 10 dakika boyunca buharda pişirin.

b) Tavuğu kağıt havluyla kurulayın. Unu, tuzu ve karabiberi büyük bir kaseye koyun ve tavuğu eşit şekilde kaplayacak şekilde fırlatın. 1 çorba kaşığı (15 ml) yağı büyük, geniş bir tavada yüksek ateşte çok sıcak olana kadar ama henüz duman çıkmayana kadar ısıtın. Tavuğu tek kat halinde tavaya ekleyin ve ara sıra çevirerek, her tarafı altın rengi kahverengi olana kadar toplamda yaklaşık 5 dakika pişirin. Tavaya yağ, fesleğen ve dilimlenmiş şeftaliyi ekleyin ve tavuğu kaplayacak şekilde karıştırarak 1 dakika daha pişirin.

c) Bu arada ayrı bir tavada kalan 1 yemek kaşığı (15 ml) yağı orta ateşte ısıtın. Ispanağı, sarımsağı ve bir tutam tuzu ekleyin. Düzenli olarak karıştırarak, solgunlaşana kadar 2 ila 3 dakika pişirin.

ç) Servis yapmak için pirinci kaselere paylaştırın. Üstüne tavuk ve şeftali, ıspanak, salatalık ve rezeneyi ekleyin ve ardından Fesleğenli Keçi Peyniri Sosunu gezdirin.

38.Tavuk, Pırasa ve Mantarlı Turta

İÇİNDEKİLER:
- 1 miktar kısa hamurlu hamur işi, soğutulmuş
- Hamuru açmak için ekstra glutensiz sade (çok amaçlı) un karışımı
- 250 gr (2½ su bardağı) rezene, doğranmış
- 2 orta boy pırasa, doğranmış
- 240 gr (2 su bardağı) mantar
- 240ml (1 su bardağı) beyaz şarap
- 240 ml (1 su bardağı) süt
- 120 ml (½ bardak) taze krema
- 4 yemek kaşığı mısır unu/mısır nişastası
- 700 gr (1½ lb.) tavuk göğsü
- ½ çay kaşığı taze çekilmiş karabiber
- ¼ çay kaşığı deniz (koşer) tuzu
- 2 çay kaşığı kurutulmuş Provence otları
- 2 çay kaşığı zeytinyağı

TALİMATLAR:

a) Pırasaları dilimleyin, durulayın ve iyice süzün. Rezeneyi doğrayın ve mantarları dilimleyin.
b) 1 çay kaşığı zeytinyağını sote tavasında orta ateşte ısıtın ve pırasa ve rezeneyi ekleyin. 5 dakika pişirin.
c) Mantarları ekleyin ve altın rengi olana kadar sotelemeye devam edin. Tavuğu pişirirken bir tabağa / kaseye aktarın. Tavukları ısırık büyüklüğünde parçalar halinde kesin.
ç) Kalan 1 çay kaşığı zeytinyağını sote tavasında orta ateşte ısıtın ve tavuk parçalarını altın rengi oluncaya kadar gruplar halinde pişirin.
d) Pişmiş partileri sotelenmiş sebzelerle aynı kaseye aktarın. Tavuğun tamamı piştikten sonra tavuğu/sebzeleri sote tavasına geri koyun ve beyaz şarabın üzerine dökün.
e) Tuz ve karabiberle tatlandırın ve kurutulmuş otları ekleyin. Kaynamaya başlayınca kısık ateşte 10 dakika kadar pişirin.
f) Mısır ununu/mısır nişastasını sütte eritin ve sote tavasında çırpın. Sos koyulaşıncaya kadar tavada karıştırmaya devam edin. Ateşten alıp bir kenarda bekletin.
g) Fırını 170C fanlı, 375F, Gas Mark 5'e önceden ısıtın.
ğ) Soğuyan hamurunuzu alıp, iki yağlı kağıt arasında, tart kalıbınızdan biraz daha büyük olacak şekilde açın.
h) Crème Fresh'i tavuk karışımına karıştırın ve tart kalıbına dökün. Yine de yağlı kağıt üzerinde hamuru ters çevirip üstte kalan kağıdı çıkarın.
ı) Kalan yağlı kağıdı hamuru tart kalıbına aktarmanıza yardımcı olması için kullanın. Kenarları kesin ve iki parmağınızı ve baş parmağınızı kullanarak kıvırın.
i) Kendinizi sanatsal hissediyorsanız, pasta süslemelerini yeniden yuvarlayın ve dekorasyon için 4 yaprak şekli kesin.
j) Hamur işi yapımında kalan yedek yumurta/süt karışımını kullanarak turtanın üstünü fırçalayın, ortasından küçük bir çarpı işareti kesin ve hamur işi yaprağı şekilleriyle süsleyin.
k) Bunları da yumurta akı ile fırçalayın. Fırın tepsisine yerleştirip fırına verin.
l) Pasta kabuğu altın kahverengi olana ve dolgu sıcak olana kadar 45 dakika pişirin.

39.Mantarlı ve prosciuttolu rezene

İÇİNDEKİLER:
- 8 baş rezene
- 1¼ su bardağı tavuk suyu
- ¾ c beyaz şarap, biraz tatlı
- 1 kilo dilimlenmiş mantar
- 2 ons prosciutto, ince dilimlenmiş: ve kıyılmış

TALİMATLAR:

a) Rezene saplarını ve tüylü yeşillikleri kesin. Tüylü yeşillikleri ayırın ve ¼ fincan yapacak kadar kıyın. (İleriye gidiyorsanız, kıyılmış yeşilliklerden 2 yemek kaşığı kadarını soğutun ve kalan tüylü dalları servis sırasında tabağı süslemek için kullanın.) Rezene saplarını çorbalarda veya et suyunda kullanmak üzere ayırın.

b) Ampullerdeki kahverengi lekeleri kesin; bunları 5-6 litrelik bir tavada tek bir katman halinde düzenleyin. Üzerlerine et suyu ve şarap dökün; kapağını kapatın ve yüksek ateşte kaynatın, ardından rezene delindiğinde iyice yumuşayana kadar 35 ila 45 dakika pişirin.

c) Kullanılabilecek kadar soğuyuncaya kadar bir kenara koyun: pişirme sıvısını ayırın.

ç) Rezene pişerken mantarları, prosciutto'yu ve 2 yemek kaşığı kıyılmış rezene yeşilliklerini 8 ila 10 inçlik yapışmaz kızartma tavasında birleştirin.

d) Mantarlar suyunu salıncaya kadar, yaklaşık 7 dakika kadar orta-yüksek ateşte kapağını kapatıp pişirin.

e) Kapağı açın ve sık sık karıştırarak, sıvı buharlaşıncaya ve mantarlar kızarana kadar yaklaşık 15 dakika pişirin; bir kenara koyun.

f) Küçük bir bıçak ve keskin kenarlı bir kaşıkla rezene soğanlarının iç kısmını oyup çıkarın, böylece ¼ inç kalınlığında bir kabuk elde edin ve kabuğu sağlam tutun.

g) Mantar karışımını soğanların içine eşit miktarda dökün.

ğ) Ampulleri tek bir katman halinde tutacak kadar büyük bir fırın tepsisine yerleştirin. Üzerlerine kaşıkla pişirme sıvısını ayırın.

h) Doldurulmuş rezene soğanlarını üstü kapalı olarak 375F/190C sıcaklıktaki fırında 15 dakika pişirin; kapağını açın ve sıcak olana kadar pişirmeye devam edin, yaklaşık 10 dakika daha (önceden yapılırsa ve soğutulursa 20 dakika).

ı) Ampulleri servis tabağına aktarın; kalan kıyılmış rezene yeşilliklerini hafifçe serpin ve tabağı rezene dallarıyla süsleyin.

40. Kavrulmuş soğanlı füme somon ravioli

İÇİNDEKİLER:
- 2 su bardağı Ricotta Peyniri
- 16 ons Dilimlenmiş Füme Somon
- ¼ bardak dilimlenmiş soğan
- ⅛ bardak Jülyen Güneşte Kurutulmuş Domates
- ⅛ su bardağı sızma zeytinyağı
- 1 yemek kaşığı Kıyılmış Sarımsak
- 12 3x3 Taze Makarna Yaprakları
- 1 su bardağı iri mısır unu
- 2 Yumurta çırpılmış
- 4 adet orta boy sarı soğan
- 1 yemek kaşığı Kanola Yağı
- 2 su bardağı doğranmış rezene
- 6 Tane Karabiber
- 2 adet Taze Defne Yaprağı
- 2 Karanfil
- ½ çay kaşığı acele biber gevreği
- 2 Diş Bütün Ezilmiş Sarımsak
- ¼ bardak Bütün Kızartılmış Rezene Tohumu
- 2 bardak Beyaz Şarap
- 2 litre Ağır Krem
- 24 Olgun; Roma, (erik) Domates
- Sızma zeytinyağı
- Tuz biber
- Parşömen kağıdı
- 1 su bardağı çekirdekleri çıkarılmış Kalamata Zeytini
- ½ ons Kıyılmış Hamsi Filetosu
- 1 ons Büyük Kapari
- ½ bardak Kıyılmış Düz Yaprak Maydanoz
- 1 ons Kıyılmış Sarımsak
- 2 su bardağı doğranmış fırında kurutulmuş domates
- 2 su bardağı sızma zeytinyağı
- 2 Limon; (Zest of)

TALİMATLAR:
MANTI DOLGUSU:
a) Ricotta'yı herhangi bir sıvı olmadan boşaltın. Füme somonu 1" küpler halinde kesin.
b) Tüm malzemeleri birleştirin ve iyice karıştırın. Tuz ve karabiberle tatlandırın. Bir kenara koyun.

Mantı:
c) Temiz, düz bir yüzeye makarna tabakalarını yayın ve bir tarafını 3 ons somon dolgusu ile doldurun. Makarnanın kenarlarını az miktarda çırpılmış yumurta ile fırçalayarak makarnanın mühürlenmesini sağlayın. 2. makarna tabakasını doldurulmuş olanın üzerine yerleştirin ve kenarlarından sıkıca bastırın.

ç) Parşömen kağıdıyla kaplı düz yüzeyli bir tavaya yerleştirin ve kağıdın üzerine mısır unu serpin. Bu mantıların yüzeye yapışmasını önler.

d) Mantıyı haşlamadan önce soğuması için soğutucuya yerleştirin. (1 saat) Kavrulmuş Soğan ve Rezene Kreması: 4 adet orta boy sarı soğanı 400 derecelik fırında hafif karamelleşene kadar kavurun. Bir kenara koyun ve soğumaya bırakın, ardından 1 inçlik zarlar atın.

e) Orta boy bir sos tenceresinde küp küp doğradığınız kavrulmuş soğanı, rezeneyi, kanola yağını ve yukarıdaki tüm malzemeleri birleştirip orta ateşte 1 dakika kadar pişirin. Beyaz şarabı ekleyin ve yarıya kadar azaltın, ardından yoğun krem şanti ekleyin. ⅓ oranında azalıncaya kadar pişirin. İnce gözenekli bir chinois ile süzün ve tuz ve karabiberle tatlandırın.

FIRINDA KURUTULMUŞ DOMATES TAPE
f) Fırında Kurutulmuş Domates: Parşömen kağıdıyla kaplı düz bir tavaya zeytinyağı sürün ve domatesleri uzunlamasına ikiye bölün. İçteki domates posasını çıkarmamaya dikkat ederek her iki yarının da tohumlarını hafifçe sıkın.

g) Yarım domatesleri yağlanmış tepsiye (dışarısı aşağı, içi yukarıya) yerleştirin ve üzerine zeytinyağı, tuz ve karabiber serpin.

ğ) 200 derecelik fırında yaklaşık 2 saat veya domatesler yoğunlaşıp koyu kırmızı olana kadar kızartın.

h) Soğumaya bırakın.

TAPENAD:
ı) Bir mutfak robotunda, tüm malzemeleri birleştirin ve karışım sürülebilir bir kıvama gelinceye kadar işleyin.

SUNUM:
i) Kavrulmuş soğan rezeneli ayna tabağı. Mantıyı haşlayın ve rezene kremasıyla kaplayın. Mantıyı tabağın ortasına yerleştirin ve üzerine fırında kurutulmuş domates sosunu ekleyin.
j) Rezene sapı ve limon kabuğu rendesi ile süsleyin.

41.Baharatlı tohumlarla kabak köri

İÇİNDEKİLER:

- 3 su bardağı balkabağı – 1-2 cm'lik parçalar halinde doğranmış
- 2 Yemek kaşığı sıvı yağ
- ½ Yemek kaşığı hardal tohumu
- ½ Yemek kaşığı kimyon tohumu
- Asafetida'yı sıkıştırın
- 5-6 köri yaprağı
- ¼ Yemek kaşığı çemen otu tohumu
- ¼ Yemek kaşığı rezene tohumu
- ½ Yemek kaşığı rendelenmiş zencefil
- 1 Yemek kaşığı demirhindi ezmesi
- 2 yemek kaşığı – kuru, öğütülmüş hindistan cevizi
- 2 yemek kaşığı kavrulmuş yer fıstığı
- Tatmak için tuz ve esmer şeker veya jaggery
- Taze kişniş yaprakları

TALİMATLAR:

a) Yağı ısıtın ve hardal tohumlarını ekleyin. Patladıklarında kimyon, çemen otu, asafetida, zencefil, köri yaprakları ve rezeneyi ekleyin. 30 saniye pişirin.

b) Balkabağını ve tuzu ekleyin. Demirhindi ezmesini veya içindeki posayı içeren suyu ekleyin. Jaggery veya esmer şekeri ekleyin. Öğütülmüş hindistan cevizi ve fıstık tozunu ekleyin. Birkaç dakika daha pişirin. Taze doğranmış kişnişi ekleyin.

42.Izgara kabak ve bira sosisleri

İÇİNDEKİLER:

- 1 Şişe bira birası
- 4 ons Balkabağı; taze veya konserve
- 1 ons Sarımsak; doğranmış
- 1 ons Saf akçaağaç şurubu
- Her ördek için 2 Bağlantı; çatalla deldim
- 2 Bağlantı geyik eti; çatalla deldim
- 2 Bağlantılı tavuk sosisi; çatalla deldim
- 1 küçük Kırmızı soğan; İnce parçalı
- 1 yemek kaşığı Tereyağı
- Tuz
- Biber
- 1 Ampul rezene; tıraş edilmiş
- Her saga bleu peynirinden 1 ons
- 1 ons İngiliz stiltonu
- 1 ons Gorgonzola

TALİMATLAR:

a) Porter, balkabağı, sarımsak ve akçaağaç şurubunu karıştırın ve sosislerin üzerine dökün.

b) Sosisleri salamuradan çıkarın ve 500 derecelik ızgarada 10 dakika kızartın. Bitene kadar parçalara ayırın ve ızgara yapın.

c) Soğanları tereyağında yumuşak ve yarı şeffaf hale gelinceye kadar kısık ateşte pişirin. Tuz ve karabiberle tatlandırın

43.Bitkisel Rezene Paella

İÇİNDEKİLER:

- 2 yemek kaşığı zeytinyağı
- 2 orta boy havuç, ¼ inç dilimler halinde kesilmiş
- 1 kereviz kaburgası, ¼ inçlik dilimler halinde kesilmiş
- 1 orta boy sarı soğan, doğranmış
- 1 orta boy kırmızı dolmalık biber, ½ inçlik zarlar halinde kesilmiş
- 3 diş sarımsak, doğranmış
- 8 ons yeşil fasulye, kesilmiş ve 1 inçlik parçalar halinde kesilmiş
- 1½ su bardağı pişmiş koyu kırmızı barbunya fasulyesi
- 14,5 onsluk doğranmış domates konservesi, süzülmüş
- 2½ bardak sebze suyu, ev yapımı
- ½ çay kaşığı kurutulmuş mercanköşk
- ½ çay kaşığı ezilmiş kırmızı biber
- ½ çay kaşığı öğütülmüş rezene tohumu
- ¼ çay kaşığı safran veya zerdeçal
- ¾ bardak uzun taneli pirinç
- 2 su bardağı istiridye mantarı, hafifçe durulanıp kurulayın
- 14 onsluk enginar kalbi konservesi süzülmüş ve dörde bölünmüş

TALİMATLAR:

- ☑ Büyük bir tencerede yağı orta ateşte ısıtın. Havuç, kereviz, soğan, dolmalık biber ve sarımsak ekleyin. Kapağını kapatıp 10 dakika pişirin.
- ☑ Yeşil fasulye, barbunya fasulyesi, domates, et suyu, tuz, kekik, ezilmiş kırmızı biber, rezene tohumu, safran ve pirinci ekleyin. Örtün ve 30 dakika pişirin.
- ☑ Mantarları ve enginar kalplerini karıştırın. Tadına bakın, baharatları ayarlayın, gerekirse daha fazla tuz ekleyin. Kapağını kapatıp 15 dakika daha pişirin. Derhal servis yapın.

44.Rezene salatası ile ızgara somon

İÇİNDEKİLER:
- 2 140 gr somon filetosu
- 1 Ampul rezene; ince dilimlenmiş
- ½ Armut; ince dilimlenmiş
- Birkaç parça ceviz
- 1 tutam Ezilmiş kakule tohumu
- 1 Turuncu; bölümlenmiş, meyve suyu
- 1 demet kişniş ; doğranmış
- 50 gram Hafif hava frais
- 1 Bir tutam toz tarçın
- Pul pul kaya tuzu ve öğütülmüş karabiber

TALİMATLAR:
- Somonu tuz ve karabiberle tatlandırıp ızgara altında kızartın.
- Armutu rezeneyle karıştırıp bol karabiber, kakule ve cevizle tatlandırın.
- Portakal suyunu ve lezzetini frais ile karıştırın ve biraz tarçın ekleyin. Tabağın ortasına bir yığın rezene koyun ve üstüne somonu dizin. Tabağın dışını turuncu dilimlerle süsleyin ve üzerine turuncu frais serpin.
- Rezene alkolün vücuttaki toksin etkisini azaltır ve iyi bir sindirime yardımcı olur.

45.Kavrulmuş Kök Pizza

İÇİNDEKİLER:

- Pizza kabuğunun tozunu almak için çok amaçlı un veya pizza tepsisini yağlamak için zeytinyağı
- 1 ev yapımı hamur
- ½ sarımsak baş
- ½ tatlı patates, soyulmuş, uzunlamasına ikiye bölünmüş ve ince dilimlenmiş
- ½ rezene soğanı, yarıya bölünmüş, kesilmiş ve ince dilimlenmiş
- ½ yaban havucu, soyulmuş, uzunlamasına ikiye bölünmüş ve ince dilimlenmiş
- 1 yemek kaşığı zeytinyağı
- ½ çay kaşığı tuz
- 4 ons vegan peyniri, kıyılmış
- 1 ons vegan peyniri, ince rendelenmiş
- 1 yemek kaşığı şuruplu balzamik sirke

TALİMATLAR:

a) Pizza kabuğunu hafifçe unla tozlayın. Hamuru ekleyip parmak uçlarınızla çukurlaştırarak daire şekli verin. Onu alın, iki elinizle kenarından tutun ve dairenin çapı yaklaşık 14 inç olana kadar her seferinde kenarını biraz gererek yavaşça döndürün. Unlu kısmı alta gelecek şekilde kabuğun üzerine yerleştirin.

b) Tepsiyi veya fırın tepsisini kağıt havlu üzerine biraz zeytinyağıyla yağlayın. Hamuru parmak uçlarınızla çukurlaştırın ve tepside 14 inçlik bir daire veya fırın tepsisinde yaklaşık 12 x 7 inçlik düzensiz bir dikdörtgen oluşturana kadar çekin ve bastırın.

c) Pizza taşı kullanıyorsanız unlanmış pizza kabuğunun üzerine yerleştirin veya pişmiş kabuğu doğrudan pizza tepsisine yerleştirin.

ç) Soyulmamış sarımsak dişlerini alüminyum folyo paketine sarın ve 40 dakika boyunca doğrudan ateşte pişirin veya ızgarada pişirin.

d) Bu arada tatlı patatesi, rezeneyi ve yaban havucunu zeytinyağı ve tuzla birlikte bir kaseye atın. Kasenin içeriğini bir fırın tepsisine dökün. Fırına veya ızgaranın ısıtılmamış bölümünün üzerine yerleştirin ve ara sıra çevirerek yumuşak ve tatlı hale gelinceye kadar 15 ila 20 dakika kızartın.

e) Sarımsakları bir kesme tahtasına aktarın ve buharına dikkat ederek paketi açın. Ayrıca sebzelerin bulunduğu fırın tepsisini bir tel ızgara üzerine bir kenara koyun.
f) Fırının veya gazlı ızgaranın sıcaklığını 450°F'ye yükseltin veya ısıyı biraz yükseltmek için kömür ızgarasına birkaç kömür daha ekleyin.
g) Kıyılmış vegan peynirini hazırlanan kabuğun üzerine kenarda ½ inçlik bir kenarlık bırakarak yayın. Peyniri tüm sebzelerle doldurun ve etli, yumuşak sarımsağı kağıt gibi kabuklarından çıkarıp turtanın üzerine sıkın. Üzerine rendelenmiş vegan peyniri serpin.
ğ) Pizzayı kabuğundan sıcak taşa kaydırın veya pizzayı tepsisine veya fırın tepsisine fırına veya ızgaranın ısıtılmamış bölümüne yerleştirin.
h) Kabuk altın kahverengiye dönene ve hatta alt kısmı biraz koyulaşana kadar, peynir eriyip kahverengileşmeye başlayana kadar, 16 ila dakika kadar, kapağı kapalı olarak pişirin veya ızgara yapın.
ı) Kabuğu sıcak taştan çıkarmak için kabuğun altına kaydırın veya pizzayı tepsisine veya fırın tepsisine tel rafa aktarın. 5 dakika bekletin.
i) Biraz soğuduktan sonra pastanın üzerine balzamik sirkeyi gezdirin ve dilimler halinde dilimleyerek servis yapın.

46.Antep fıstıklı rezene risotto

İÇİNDEKİLER:

- 2 bardak sebze suyu ile birleştirilmiş
- 1 bardak su
- 1 çorba kaşığı bitki bazlı tereyağı veya margarin
- 2 yemek kaşığı Zeytin yağı
- 1 fincan İnce doğranmış soğan
- 1 Rezene ampulü
- 1 Kırmızı dolmalık biber, Kıyılmış
- 2 diş sarımsak, kıyılmış
- 1½ bardak arborio pirinç
- ⅓ bardak Kabuklu fıstık, kıyılmış
- Taze çekilmiş karabiber

TALİMATLAR:

a) Et suyu-su kombinasyonunu orta ateşte ısıtın. Sıcak tutun.

b) Tercihen yapışmaz bir tavada veya tencerede, bitki bazlı tereyağını ve yağı orta ateşte sıcak olana kadar ısıtın. Soğanı, rezeneyi ve kırmızı biberi ekleyin; 5 dakika soteleyin. Sarımsakları ekleyin ve bir dakika daha soteleyin.

c) Pirinci ekleyip 2 dakika karıştırarak pişirin. Her seferinde bir kepçe kadar sıvıyı yavaş yavaş eklemeye başlayın. Kapağı kapalı olarak orta ateşte, ara sıra karıştırarak 10 dakika pişirin.

ç) Sıvıyı yavaş yavaş ekleyin ve sık sık karıştırın. Bir sonraki kepçeyi eklemeden önce her seferinde sıvının emilmesini bekleyin. Pişirme işlemini üstü kapalı olarak 10 dakika boyunca tekrarlayın.

d) Kapağını açıp sıvıyı eklemeye ve sık sık karıştırmaya devam edin. Risotto yaklaşık 30 dakika pişmelidir.

e) Bitmiş risottoya antep fıstığını ve biberi ekleyin ve karışıncaya kadar karıştırın.

47.Rezene ve Bezelyeli risotto

İÇİNDEKİLER:
- 1 yemek kaşığı zeytinyağı
- 1 soğan, ince doğranmış
- 1 rezene soğanı, ince doğranmış
- 1 kabak, uzunlamasına ikiye bölünmüş ve ince dilimlenmiş
- 3 diş sarımsak, ince doğranmış
- ½ çay kaşığı rezene tohumu, hafifçe ezilmiş
- 200 gr risotto pirinci
- Bir bardak beyaz şarap
- 800 ml sebze suyu, sıcak
- 200 gr dondurulmuş bezelye
- 2 yemek kaşığı besin mayası
- 1 limon, kabuğu rendelenmiş ve suyu sıkılmış
- bir demet düz yapraklı maydanoz, ince doğranmış

TALİMATLAR:
a) Zeytinyağını geniş bir tavada ısıtın, soğanı, rezeneyi ve kabağı ekleyin ve yumuşayana kadar 10 dakika kadar kavurun, eğer toplanmaya başlarsa bir miktar su ilave edin.

b) Sarımsak ve rezene tohumlarını ekleyip 2 dakika pişirin, ardından pirinci ekleyin ve her bir tane hafifçe yağla kaplanana kadar karıştırın. Kullanıyorsanız şarabı dökün ve yarı yarıya azalıncaya kadar köpürtün.

c) Sıcak tutmak için sebze suyunu bir tavada çok düşük ateşte tutun. Risottoya her seferinde bir kepçe ekleyin, ancak son kaşık dolusu tamamen emildikten sonra daha fazlasını ekleyin ve sürekli karıştırın.

ç) Pirinç piştiğinde ancak hala biraz ısırdığında, dondurulmuş bezelyeleri ekleyin ve pişene kadar birkaç dakika daha pişirin.

d) Besleyici mayayı, limon kabuğu rendesini, suyunu ve biraz baharatı karıştırın, sığ kaselere paylaştırın ve üzerine maydanozu ekleyin.

47.Rezene ve Bezelyeli risotto

İÇİNDEKİLER:

- 1 yemek kaşığı zeytinyağı
- 1 soğan, ince doğranmış
- 1 rezene soğanı, ince doğranmış
- 1 kabak, uzunlamasına ikiye bölünmüş ve ince dilimlenmiş
- 3 diş sarımsak, ince doğranmış
- ½ çay kaşığı rezene tohumu, hafifçe ezilmiş
- 200 gr risotto pirinci
- Bir bardak beyaz şarap
- 800 ml sebze suyu, sıcak
- 200 gr dondurulmuş bezelye
- 2 yemek kaşığı besin mayası
- 1 limon, kabuğu rendelenmiş ve suyu sıkılmış
- bir demet düz yapraklı maydanoz, ince doğranmış

TALİMATLAR:

a) Zeytinyağını geniş bir tavada ısıtın, soğanı, rezeneyi ve kabağı ekleyin ve yumuşayana kadar 10 dakika kadar kavurun, eğer toplanmaya başlarsa bir miktar su ilave edin.

b) Sarımsak ve rezene tohumlarını ekleyip 2 dakika pişirin, ardından pirinci ekleyin ve her bir tane hafifçe yağla kaplanana kadar karıştırın. Kullanıyorsanız şarabı dökün ve yarı yarıya azalıncaya kadar köpürtün.

c) Sıcak tutmak için sebze suyunu bir tavada çok düşük ateşte tutun. Risottoya her seferinde bir kepçe ekleyin, ancak son kaşık dolusu tamamen emildikten sonra daha fazlasını ekleyin ve sürekli karıştırın.

ç) Pirinç piştiğinde ancak hala biraz ısırdığında, dondurulmuş bezelyeleri ekleyin ve pişene kadar birkaç dakika daha pişirin.

d) Besleyici mayayı, limon kabuğu rendesini, suyunu ve biraz baharatı karıştırın, sığ kaselere paylaştırın ve üzerine maydanozu ekleyin.

YANLAR

48.Robiola'lı Rezene Graten

İÇİNDEKİLER:
- tuz ve biber
- 2 ons Taze ekmek kırıntısı
- 1 su bardağı Beşamel sos
- 8 ons Robiola peyniri
- 2 Ampul rezene, kesilmiş ve dilimlenmiş
- 4 ons Fontina peyniri, rendelenmiş

TALİMATLAR:
a) Fırını önceden 450°F'ye ısıtın.
b) 4 litre suyu 2 yemek kaşığı tuzla kaynatın.
c) Rezeneyi kaynar suda iyice yumuşayana kadar haşlayın.
ç) İşlenecek kadar soğuyuncaya kadar lavabonun üzerine yerleştirilmiş bir kevgir içinde boşaltın.
d) Rezene, beşamel sos ve fontinayı birleştirin.
e) Dört tereyağlı gratine tabağına eşit olarak dağıtın.
f) Fırının üst yarısında 25 dakika veya köpürene ve ısınana kadar pişirin.
g) Her yemeğin ortasına 2 onsluk bir parça veya kare robiola yerleştirin, üzerine ekmek kırıntıları serpin ve 5 ila 6 dakika daha veya robiola sıcak ve yumuşak oluncaya ve kırıntılar eriyene kadar pişirin.

49.Safran rezene sous vide

İÇİNDEKİLER:

- 2 yumrulu rezene
- 1 gr safran
- 100 ml kümes hayvanı suyu
- 20ml zeytinyağı
- 3 gr tuz

TALİMATLAR:

a) Rezeneyi yaklaşık 6 mm kalınlığında dilimler halinde uzunlamasına kesin. Yaprakların sap boyunca birbirine asıldığı yerde dilimler ortaya çıkar.
b) Sapları ve dış kısımları rezene kremalı çorba için iyi bir şekilde kullanılabilir.
c) Dilimleri diğer malzemelerle birlikte vakum poşetinde vakumlayın. 85 ° C'deki su banyosunda 3 saat pişirin.
d) Torbalardan çıkarın ve pişirme suyunu yakl. Tutarın ⅓'ü .
e) Örneğin et ve balık yemeklerinin yanında harika ve etkili bir garnitür.

50.Parmesanlı Kavrulmuş Rezene

İÇİNDEKİLER:

- 2 rezene soğanı, dilimlenmiş
- 2 yemek kaşığı zeytinyağı
- Tatmak için biber ve tuz
- 1/4 su bardağı rendelenmiş parmesan peyniri
- Kıyılmış taze maydanoz (süslemek için)

TALİMATLAR:

a) Fırını 200°C'ye (400°F) önceden ısıtın.
b) Dilimlenmiş rezeneyi zeytinyağı, tuz ve karabiberle birlikte bir fırın tepsisine atın.
c) Önceden ısıtılmış fırında 20-25 dakika veya rezene yumuşayıp karamelize olana kadar yarıya kadar karıştırarak kızartın.
d) Fırından çıkarın ve kavrulmuş rezenenin üzerine rendelenmiş Parmesan peynirini serpin.
e) 5 dakika daha veya peynir eriyip altın rengi kahverengi olana kadar fırına dönün.
f) Servis yapmadan önce taze maydanozla süsleyin.

51. Rezene ve Patates Graten

İÇİNDEKİLER:

- 2 rezene soğanı, ince dilimlenmiş
- 2 büyük patates, ince dilimlenmiş
- 1 bardak ağır krema
- 2 diş sarımsak, kıyılmış
- 1/2 su bardağı rendelenmiş Gruyère peyniri
- Tatmak için biber ve tuz
- Süslemek için taze kekik yaprakları

TALİMATLAR:

a) Fırını önceden 375°F'ye (190°C) ısıtın. Bir fırın tepsisini tereyağı veya pişirme spreyi ile yağlayın.
b) İnce dilimlenmiş rezene ve patatesleri hazırlanan pişirme kabına katmanlar arasında dönüşümlü olarak katlayın.
c) Küçük bir tencerede ağır kremayı ve kıyılmış sarımsağı orta ateşte kaynayana kadar ısıtın.
d) Sıcak krema karışımını pişirme kabındaki rezene ve patateslerin üzerine dökün. Tuz ve karabiberle tatlandırın.
e) Üzerine rendelenmiş Gruyère peynirini serpin.
f) Pişirme kabını folyo ile örtün ve önceden ısıtılmış fırında 45-50 dakika veya patatesler yumuşayana kadar pişirin.
g) Folyoyu çıkarın ve 10-15 dakika daha veya üst kısmı altın kahverengi olana ve köpürene kadar pişirin.
h) Servis yapmadan önce taze kekik yapraklarıyla süsleyin.

52.Limon ve Sarımsaklı Sotelenmiş Rezene

İÇİNDEKİLER:

- 2 rezene soğanı, ince dilimlenmiş
- 2 yemek kaşığı zeytinyağı
- 2 diş sarımsak, kıyılmış
- 1 limonun kabuğu rendesi ve suyu
- Tatmak için biber ve tuz
- Kıyılmış taze maydanoz (süslemek için)

TALİMATLAR:

a) Zeytinyağını büyük bir tavada orta ateşte ısıtın.
b) İnce dilimlenmiş rezeneyi tavaya ekleyin ve 8-10 dakika veya yumuşayıp hafifçe karamelize olana kadar soteleyin.
c) Kıyılmış sarımsakları tavaya ekleyin ve 1-2 dakika daha veya kokusu çıkana kadar soteleyin.
d) Limon kabuğu rendesini ve limon suyunu ekleyip karıştırın. Tatmak için tuz ve karabiber ekleyin.
e) 1-2 dakika daha pişirin, ardından ocaktan alın.
f) Sotelenmiş rezeneyi servis tabağına alın ve servis yapmadan önce kıyılmış taze maydanozla süsleyin.

53.Rokalı Rezene ve Portakal Salatası

İÇİNDEKİLER:

- 2 rezene soğanı, ince dilimlenmiş
- 2 portakal, soyulmuş ve dilimlenmiş
- 4 bardak bebek roka
- 1/4 bardak kızarmış ceviz, doğranmış
- 2 yemek kaşığı sızma zeytinyağı
- 1 yemek kaşığı balzamik sirke
- Tatmak için biber ve tuz

TALİMATLAR:

a) Büyük bir kapta ince dilimlenmiş rezeneyi, portakal dilimlerini ve körpe rokayı birleştirin.
b) Sosu hazırlamak için küçük bir kapta sızma zeytinyağı ve balzamik sirkeyi çırpın. Tatmak için tuz ve karabiber ekleyin.
c) Sosu salatanın üzerine gezdirin ve hafifçe kaplayın.
d) Servis yapmadan önce salatanın üzerine kavrulmuş ceviz serpin.

54.Rezene ve Yeşil Fasulye Tavada Kızartma

İÇİNDEKİLER:

- 2 rezene soğanı, ince dilimlenmiş
- 2 su bardağı yeşil fasulye, kesilmiş ve yarıya bölünmüş
- 2 diş sarımsak, kıyılmış
- 2 yemek kaşığı soya sosu
- 1 yemek kaşığı susam yağı
- 1 yemek kaşığı pirinç sirkesi
- 1 çay kaşığı bal
- Garnitür için susam tohumları
- Süslemek için ince dilimlenmiş yeşil soğan

TALİMATLAR:

a) Susam yağını büyük bir tavada ısıtın veya orta-yüksek ateşte wok yapın.

b) İnce dilimlenmiş rezeneyi ve yeşil fasulyeyi tavaya ekleyin. 5-6 dakika veya sebzeler yumuşayana kadar karıştırarak kızartın.

c) Kıyılmış sarımsakları tavaya ekleyin ve 1-2 dakika daha veya kokusu çıkana kadar karıştırarak kızartın.

d) Küçük bir kapta soya sosu, pirinç sirkesi ve balı birlikte çırpın. Sosu tavadaki sebzelerin üzerine dökün ve eşit şekilde kaplayacak şekilde fırlatın.

e) 1-2 dakika daha pişirin, ardından ocaktan alın.

f) Kızartılmış rezene ve yeşil fasulyeyi servis tabağına aktarın. Servis yapmadan önce susam ve ince dilimlenmiş yeşil soğanla süsleyin.

55.Kremalı Rezene ve Patates Çorbası

İÇİNDEKİLER:

- 2 rezene soğanı, ince dilimlenmiş
- 2 büyük patates, soyulmuş ve doğranmış
- 1 soğan, doğranmış
- 4 su bardağı sebze suyu
- 1 bardak ağır krema
- 2 yemek kaşığı tereyağı
- Tatmak için biber ve tuz
- Garnitür için doğranmış taze frenk soğanı

TALİMATLAR:

a) Büyük bir tencerede orta ateşte tereyağını eritin. Doğranmış soğanı ekleyin ve yarı saydam olana kadar pişirin.
b) Tencereye ince dilimlenmiş rezene ve doğranmış patatesleri ekleyin. Ara sıra karıştırarak 5 dakika pişirin.
c) Sebze suyunu tencereye dökün ve kaynatın. Isıyı azaltın ve 20-25 dakika veya patatesler yumuşayana kadar pişirin.
d) Çorbayı pürüzsüz hale gelinceye kadar püre haline getirmek için bir daldırma blenderi kullanın. Alternatif olarak çorbayı bir karıştırıcıya aktarın ve pürüzsüz hale gelinceye kadar gruplar halinde karıştırın.
e) Ağır kremayı karıştırın ve tuz ve karabiberle tatlandırın. Tamamen ısıtın, ancak kaynatmayın.
f) Kremalı rezene ve patates çorbasını kaselere koyun. Servis yapmadan önce doğranmış taze soğanla süsleyin.

56.Narenciye Soslu Rezene ve Radicchio Salatası

İÇİNDEKİLER:

- 2 rezene soğanı, ince dilimlenmiş
- 1 baş radikchio, ince dilimlenmiş
- 1 portakal, soyulmuş ve dilimlenmiş
- 1 greyfurt, soyulmuş ve parçalara ayrılmış
- 1/4 su bardağı kavrulmuş çam fıstığı
- 2 yemek kaşığı sızma zeytinyağı
- 2 yemek kaşığı beyaz şarap sirkesi
- 1 çay kaşığı bal
- Tatmak için biber ve tuz

TALİMATLAR:

a) Büyük bir kapta ince dilimlenmiş rezene, turp, portakal dilimleri ve greyfurt dilimlerini birleştirin.
b) Küçük bir kasede sızma zeytinyağını, beyaz şarap sirkesini ve balı karıştırıp salata sosu hazırlayın. Tatmak için tuz ve karabiber ekleyin.
c) Salata sosunu salatanın üzerine gezdirin ve hafifçe kaplayın.
d) Servis yapmadan önce salatanın üzerine kavrulmuş çam fıstıklarını serpin.

57.Sarımsaklı ve Limonlu Kızartılmış Rezene

İÇİNDEKİLER:

- 2 rezene soğanı, kesilmiş ve dilimlenmiş
- 2 diş sarımsak, kıyılmış
- 1 limon, suyu sıkılmış ve kabuğu rendelenmiş
- 1/4 bardak sebze veya tavuk suyu
- 2 yemek kaşığı zeytinyağı
- Tatmak için biber ve tuz
- Kıyılmış taze maydanoz (süslemek için)

TALİMATLAR:

a) Zeytinyağını büyük bir tavada orta ateşte ısıtın.
b) Dilimlenmiş rezeneyi tavaya ekleyin ve yumuşamaya başlayana kadar 4-5 dakika pişirin.
c) Kıyılmış sarımsakları tavaya ekleyin ve kokusu çıkana kadar 1-2 dakika daha pişirin.
d) Sebze veya tavuk suyunu, limon suyunu ve limon kabuğu rendesini dökün. Tatmak için tuz ve karabiber ekleyin.
e) Tavayı kapatın ve ara sıra karıştırarak rezenenin yumuşayana kadar 10-12 dakika pişmesine izin verin.
f) Rezene yumuşayınca ve sıvısı azalınca ocaktan alın.
g) Servis yapmadan önce kıyılmış taze maydanozla süsleyin.

58.Elma sirkesi soslu rezene ve havuç salatası

İÇİNDEKİLER:
- 2 rezene soğanı, ince dilimlenmiş
- 2 havuç, jülyen doğranmış veya rendelenmiş
- 1 elma jülyen doğranmış veya rendelenmiş
- 1/4 bardak doğranmış taze kişniş veya maydanoz
- 1/4 su bardağı elma sirkesi
- 2 yemek kaşığı zeytinyağı
- 1 yemek kaşığı bal
- 1 çay kaşığı Dijon hardalı
- Tatmak için biber ve tuz

TALİMATLAR:
a) Büyük bir kapta ince dilimlenmiş rezeneyi, jülyen doğranmış havuçları, jülyen doğranmış elmayı ve doğranmış taze kişniş veya maydanozu birleştirin.

b) Küçük bir kasede elma sirkesi, zeytinyağı, bal, Dijon hardalı, tuz ve karabiberi karıştırıp salata sosu hazırlayın.

c) Salata sosunu lahana karışımının üzerine dökün ve kaplamak için hafifçe fırlatın.

d) Tatların birbirine karışmasını sağlamak için servis yapmadan önce lahana salatasının buzdolabında en az 30 dakika marine edilmesini sağlayın.

e) Serinletici bir garnitür olarak soğutulmuş olarak servis yapın.

59.Limon-Ot Soslu Rezene ve Farro Salatası

İÇİNDEKİLER:

- 1 bardak farro, pişmiş
- 2 rezene soğanı, ince dilimlenmiş
- 1/2 su bardağı doğranmış taze maydanoz
- 1/4 su bardağı doğranmış taze nane
- 1 limonun kabuğu rendesi ve suyu
- 2 yemek kaşığı sızma zeytinyağı
- Tatmak için biber ve tuz

TALİMATLAR:

a) Büyük bir kapta pişmiş farroyu, ince dilimlenmiş rezeneyi, doğranmış taze maydanozu ve doğranmış taze naneyi birleştirin.

b) Sosu hazırlamak için küçük bir kasede limon kabuğu rendesini, limon suyunu, sızma zeytinyağını, tuzu ve karabiberi çırpın.

c) Sosu salatanın üzerine dökün ve üzerini kaplayacak şekilde hafifçe fırlatın.

d) Rezene ve farro salatasını oda sıcaklığında veya soğutulmuş olarak servis edin.

ÇORBALAR

60.Yenilebilir Çiçeklerle Rezene Çorbası

İÇİNDEKİLER:

- 2 arpacık, ince doğranmış
- 2 diş sarımsak, kıyılmış
- 3 Rezene, dörde bölünmüş ve doğranmış
- 200 gram nişastalı patates
- 2 yemek kaşığı zeytinyağı
- 800 mililitre sebze suyu
- 100 mililitre krem şanti
- 2 yemek kaşığı Creme fraiche
- 2 santilitre Vermut
- tuz
- taze çekilmiş biber
- 2 yemek kaşığı maydanoz, doğranmış
- Süslemek için hodan çiçeği

TALİMATLAR:

a) Rezene yapraklarının yarısını ince ince doğrayın ve geri kalan yaprakları bir kenara koyun.
b) Patatesleri soyup küp küp doğrayın.
c) Yağı bir tavada ısıtın, arpacık soğanı ve sarımsakları soteleyin.
ç) Rezeneyi ekleyip kısa süre soteleyin. Et suyunu ve patatesleri ekleyip kaynatın.
d) Isıyı en aza indirin ve 20-25 dakika pişirin.
e) Çorbayı püre haline getirin, ardından kremayı, kremayı, maydanozu ve doğranmış rezene yapraklarını ekleyin.
f) Vermutu ekleyin, ardından tuz ve karabiberle tatlandırın.
g) Çorbayı kaselere paylaştırıp, kalan rezene yaprakları ve hodanla süsleyip servis yapın.

61.Istakoz Rezene Bouillabaisse

İÇİNDEKİLER:
- 2 canlı ıstakoz (her biri yaklaşık 1,5 pound)
- 2 yemek kaşığı zeytinyağı
- 1 soğan, doğranmış
- 2 diş sarımsak, kıyılmış
- 1 rezene soğanı, ince dilimlenmiş
- 1 kırmızı dolmalık biber, doğranmış
- 1 sarı dolmalık biber, doğranmış
- 1 kutu (14 ons) doğranmış domates
- 2 su bardağı balık veya deniz ürünleri suyu
- 1 bardak kuru beyaz şarap
- 1 çay kaşığı kurutulmuş kekik
- 1 çay kaşığı kurutulmuş kekik
- 1 defne yaprağı
- Bir tutam safran ipliği
- Tatmak için biber ve tuz
- Kıyılmış taze maydanoz (süslemek için)
- Çıtır ekmek (servis için)

TALİMATLAR:

a) Istakozları dondurucuda 20-30 dakika kadar bekleterek hazırlayın. Bu, pişirmeden önce onları sakinleştirmeye yardımcı olacaktır.
b) Büyük bir tencereye su doldurun ve kaynatın. Kaynayan suya tuz ekleyin.
c) Istakozları dikkatlice kaynayan suya koyun ve yaklaşık 8-10 dakika veya kabukları parlak kırmızıya dönene kadar pişirin.
ç) Istakozları tencereden çıkarın ve hafifçe soğumalarını bekleyin. Soğuduktan sonra eti kabuklarından çıkarın ve ısırık büyüklüğünde parçalar halinde kesin. Bir kenara koyun.
d) Büyük bir çorba tenceresinde veya Hollandalı fırında zeytinyağını orta ateşte ısıtın.
e) Tencereye yemeklik doğranmış soğanı ve kıyılmış sarımsağı ekleyin. Soğan yarı saydam hale gelinceye kadar 2-3 dakika soteleyin.
f) Dilimlenmiş rezeneyi, doğranmış kırmızı ve sarı biberleri tencereye ekleyin. Sebzeler yumuşamaya başlayana kadar 3-4 dakika daha pişirin.
g) Doğranmış domatesleri, balık veya deniz ürünleri suyunu ve beyaz şarabı karıştırın.
ğ) Tencereye kurutulmuş kekik, kurutulmuş kekik, defne yaprağı, safran iplikleri, tuz ve karabiberi ekleyin. Birleştirmek için karıştırın.
h) Karışımı kaynatın, ardından ısıyı en aza indirin ve tatların ortaya çıkması için yaklaşık 15-20 dakika kaynamaya bırakın.
ı) Istakoz etini tencereye ekleyin ve ıstakoz tamamen ısınana kadar 5-8 dakika daha pişirin.
i) Gerekirse baharatı tadın ve ayarlayın.
j) Istakoz Bouillabaisse'yi kaselere koyun ve doğranmış taze maydanozla süsleyin.
k) Daldırma için yanında çıtır ekmek ile servis yapın.

62.İtalyan Tavuklu Mantı Çorbası

İÇİNDEKİLER:

- 1 yemek kaşığı zeytinyağı
- 1 yeşil dolmalık biber, doğranmış
- 1 küçük soğan, doğranmış
- 3 büyük diş sarımsak, doğranmış
- 1 yemek kaşığı kurutulmuş fesleğen
- 2 çay kaşığı rezene tohumu
- ¼ çay kaşığı kurutulmuş ezilmiş kırmızı biber
- 6 bardak konserve az tuzlu tavuk suyu
- 2 orta boy kabak, doğranmış
- 1 havuç, doğranmış
- 1 9 onsluk paket taze peynirli mantı
- 1 ½ su bardağı doğranmış pişmiş tavuk
- Rendelenmiş parmesan peyniri

TALİMATLAR:

a) Yağı ağır, büyük bir tencerede orta ateşte ısıtın. Dolmalık biber, soğan, sarımsak, fesleğen, rezene tohumu ve ezilmiş kırmızı biberi ekleyip sebzeler yumuşayana kadar yaklaşık 10 dakika soteleyin. Et suyu ekleyin.

b) Tencerenin kapağını kapatıp 10 dakika pişirin. Kabak ve havuç ekleyin. Kapağını kapatın ve havuç neredeyse yumuşayana kadar yaklaşık 5 dakika pişirin. Isıyı en yükseğe çıkarın ve çorbayı kaynatın. Mantıyı ekleyin ve yumuşayana kadar yaklaşık 5 dakika kaynatın. Tavuğu ekleyin ve yaklaşık 1 dakika ısıtılana kadar pişirin.

c) Çorbayı tuz ve karabiberle tatlandırın. Çorbayı kaselere boşaltın. Peyniri ayrı ayrı geçirerek servis yapın.

63.Biberli Balık Yahnisi

İÇİNDEKİLER:

- 1 soğan, doğranmış
- 2 rezene soğanı, doğranmış
- 1 kırmızı biber, ince doğranmış
- 1 kutu erik domates
- 6 yemek kaşığı zeytinyağı
- 1 çay kaşığı rezene tohumu, öğütülmüş
- 2 diş sarımsak, ezilmiş
- 1 kiloluk beyaz balık filetosu
- 3 ons kızarmış badem, öğütülmüş
- 3 ons sebze suyu
- ½ çay kaşığı tatlı toz biber
- 1 yemek kaşığı taze kekik yaprağı
- 1 çay kaşığı safran teli
- 3 adet taze defne yaprağı
- Kinoa ve bahar yeşillikleri
- 1 limon, dilimler halinde kesilmiş

TALİMATLAR:

a) Soğanı, rezeneyi, kırmızı biberi, ezilmiş rezene tohumlarını ve sarımsağı buharda pişirin.
b) Kırmızı biber, kekik, safran, defne yaprağı ve domates ekleyin.
c) Sebze suyuyla birlikte kaynamaya bırakın.
ç) Balık/tofuyu bademlerle birlikte güvece ekleyin.
d) Yeşillik, kinoa ve limon dilimleri ile servis yapın.

64. Spirulina Kremalı Karnabahar Çorbası

İÇİNDEKİLER:
- 1 yemek kaşığı susam, hindistancevizi veya üzüm çekirdeği yağı
- ½ sarı soğan veya rezene soğanı
- 2 diş sarımsak, kıyılmış
- 1 büyük baş karnabahar, doğranmış
- 1 litre sebze suyu
- ¼ bardak çiğ, tuzsuz kaju fıstığı
- 1 çay kaşığı mavi spirulina
- ½ çay kaşığı deniz tuzu, artı damak tadınıza göre biraz daha fazla
- Süslemek için 2 yemek kaşığı kenevir tohumu

TALİMATLAR:
a) Büyük bir tencerede veya Hollanda fırınında yağı orta ateşte ısıtın. Soğanı ve sarımsağı ekleyin ve hafif kahverengi olana kadar 3 dakika soteleyin. Karnabaharı ekleyin ve bir dakika daha soteleyin.

b) Sebze suyunu ekleyin ve kaynama noktasına gelene kadar ısıyı artırın. Kaynattıktan sonra ısıyı azaltın ve karnabahar yumuşayana kadar kapağın açık olarak 20-30 dakika pişirin.

c) Çorbayı ocaktan alın ve ılık oda sıcaklığına soğutun. Çorbayı kaju fıstıklı bir karıştırıcıya aktarın ve pürüzsüz ve kremsi bir kıvama gelinceye kadar yüksek ayarda 1 dakika karıştırın. Son olarak mavi spirulina ekleyin ve kısa süre karıştırın. Tadına göre tuzu karıştırın.

ç) Üstüne kenevir tohumu serperek servis yapın.

65.Kremalı Rezene ve Patates Çorbası

İÇİNDEKİLER:

- 2 rezene soğanı, doğranmış
- 2 patates, soyulmuş ve doğranmış
- 1 soğan, doğranmış
- 2 diş sarımsak, kıyılmış
- 4 su bardağı sebze suyu
- 1 bardak ağır krema
- 2 yemek kaşığı zeytinyağı
- Tatmak için biber ve tuz
- Garnitür için taze kekik yaprakları (isteğe bağlı)

TALİMATLAR:

a) Zeytinyağını büyük bir tencerede orta ateşte ısıtın. Doğranmış soğanı ve sarımsağı ekleyin ve yumuşayana kadar yaklaşık 5 dakika soteleyin.

b) Tencereye doğranmış rezene ve patatesleri ekleyip 5 dakika daha soteleyin.

c) Sebze suyunu dökün ve kaynatın. Isıyı azaltın, kapağını kapatın ve sebzeler yumuşayana kadar yaklaşık 20 dakika pişirin.

ç) Çorbayı pürüzsüz hale gelinceye kadar püre haline getirmek için bir daldırma blenderi kullanın. Alternatif olarak çorbayı gruplar halinde bir karıştırıcıya aktarın ve pürüzsüz hale gelinceye kadar karıştırın.

d) Ağır kremayı karıştırın ve tuz ve karabiberle tatlandırın. Tamamen ısıtın, ancak kaynatmayın.

e) Çorbayı kaselere paylaştırıp isteğe göre taze kekik yapraklarıyla süsleyip sıcak olarak servis yapın.

66.Otlu Krutonlu Rezene ve Pırasa Çorbası

İÇİNDEKİLER:

- 2 rezene soğanı, doğranmış
- 2 pırasanın sadece beyaz ve açık yeşil kısımları dilimlenmiş
- 2 patates, soyulmuş ve doğranmış
- 4 su bardağı sebze suyu
- 1 bardak tam yağlı süt veya ağır krema
- 2 yemek kaşığı tereyağı
- Tatmak için biber ve tuz
- Otlu krutonlar için:
- 4 dilim ekmek, küp şeklinde
- 2 yemek kaşığı zeytinyağı
- 1 çay kaşığı kurutulmuş kekik
- 1 çay kaşığı kurutulmuş biberiye
- Tatmak için biber ve tuz

TALİMATLAR:

a) Büyük bir tencerede orta ateşte tereyağını eritin. Kıyılmış rezene, dilimlenmiş pırasa ve doğranmış patatesleri ekleyin ve yumuşayana kadar yaklaşık 10 dakika soteleyin.

b) Sebze suyunu dökün ve kaynatın. Isıyı azaltın, kapağını kapatın ve sebzeler yumuşayana kadar yaklaşık 20 dakika pişirin.

c) Bu arada fırını 190°C'ye (375°F) önceden ısıtın. Bir kaseye kuşbaşı ekmeği zeytinyağı, kurutulmuş kekik, kurutulmuş biberiye, tuz ve karabiberle karıştırın. Baharatlı ekmek küplerini bir fırın tepsisine yayın ve altın rengi ve gevrek olana kadar yaklaşık 10 dakika pişirin.

ç) Çorbayı pürüzsüz hale gelinceye kadar püre haline getirmek için bir daldırma blenderi kullanın. Alternatif olarak çorbayı gruplar halinde bir karıştırıcıya aktarın ve pürüzsüz hale gelinceye kadar karıştırın.

d) Tam yağlı sütü veya ağır kremayı karıştırın ve tuz ve karabiberle tatlandırın. Tamamen ısıtın, ancak kaynatmayın.

e) Çorbayı kaselere paylaştırın, üzerine otlu krutonları ekleyin ve sıcak olarak servis yapın.

67.Zencefilli Rezene ve Havuç Çorbası

İÇİNDEKİLER:

- 2 rezene soğanı, doğranmış
- 4 havuç, soyulmuş ve doğranmış
- 1 soğan, doğranmış
- 2 diş sarımsak, kıyılmış
- 1 inç parça taze zencefil, soyulmuş ve kıyılmış
- 4 su bardağı sebze suyu
- 1 bardak hindistan cevizi sütü
- 2 yemek kaşığı zeytinyağı
- Tatmak için biber ve tuz
- Garnitür için doğranmış taze kişniş (isteğe bağlı)

TALİMATLAR:

a) Büyük bir tencerede zeytinyağını orta ateşte ısıtın. Doğranmış soğanı, kıyılmış sarımsağı ve kıyılmış zencefili ekleyin ve yumuşayana kadar yaklaşık 5 dakika soteleyin.

b) Tencereye doğranmış rezene, doğranmış havuç ve sebze suyunu ekleyin. Kaynatın, ardından ısıyı azaltın, kapağını kapatın ve sebzeler yumuşayana kadar yaklaşık 20 dakika pişirin.

c) Çorbayı pürüzsüz hale gelinceye kadar püre haline getirmek için bir daldırma blenderi kullanın. Alternatif olarak çorbayı gruplar halinde bir karıştırıcıya aktarın ve pürüzsüz hale gelinceye kadar karıştırın.

ç) Hindistan cevizi sütünü karıştırın ve tuz ve karabiberle tatlandırın. Tamamen ısıtın, ancak kaynatmayın.

d) Çorbayı kaselere paylaştırıp, isteğe göre kıyılmış taze kişnişle süsleyip, sıcak olarak servis yapın.

68.Kremalı Rezene ve Patates Çorbası

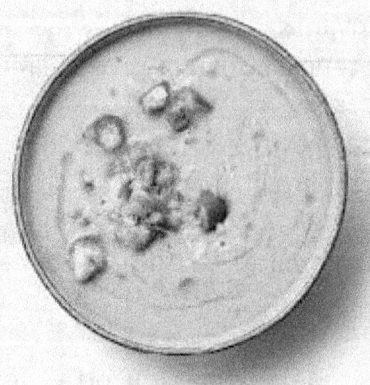

İÇİNDEKİLER:

- 2 rezene soğanı, ince dilimlenmiş
- 2 büyük patates, soyulmuş ve doğranmış
- 1 soğan, doğranmış
- 4 su bardağı sebze suyu
- 1 bardak ağır krema
- 2 yemek kaşığı tereyağı
- Tatmak için biber ve tuz
- Garnitür için doğranmış taze frenk soğanı

TALİMATLAR:

a) Büyük bir tencerede orta ateşte tereyağını eritin. Doğranmış soğanı ekleyin ve yarı saydam olana kadar pişirin.

b) Tencereye ince dilimlenmiş rezene ve doğranmış patatesleri ekleyin. Ara sıra karıştırarak 5 dakika pişirin.

c) Sebze suyunu tencereye dökün ve kaynatın. Isıyı azaltın ve 20-25 dakika veya patatesler yumuşayana kadar pişirin.

ç) Çorbayı pürüzsüz hale gelinceye kadar püre haline getirmek için bir daldırma blenderi kullanın. Alternatif olarak çorbayı bir karıştırıcıya aktarın ve pürüzsüz hale gelinceye kadar gruplar halinde karıştırın.

d) Ağır kremayı karıştırın ve tuz ve karabiberle tatlandırın. Tamamen ısıtın, ancak kaynatmayın.

e) Kremalı rezene ve patates çorbasını kaselere koyun. Servis yapmadan önce doğranmış taze soğanla süsleyin.

69.Baharatlı Rezene ve Mercimek Çorbası

İÇİNDEKİLER:

- 2 rezene soğanı, doğranmış
- 1 soğan, doğranmış
- 2 diş sarımsak, kıyılmış
- 1 su bardağı kurutulmuş yeşil mercimek, durulanmış
- 4 su bardağı sebze suyu
- 1 çay kaşığı öğütülmüş kimyon
- 1/2 çay kaşığı öğütülmüş kişniş
- 1/4 çay kaşığı öğütülmüş zerdeçal
- Tatmak için biber ve tuz
- Garnitür için doğranmış taze kişniş

TALİMATLAR:

a) Büyük bir tencerede zeytinyağını orta ateşte ısıtın. Doğranmış soğanı ekleyin ve yarı saydam olana kadar pişirin.

b) Tencereye doğranmış rezene soğanlarını ve kıyılmış sarımsağı ekleyin. Ara sıra karıştırarak 5 dakika pişirin.

c) Tencereye kurutulmuş yeşil mercimeği, sebze suyunu, öğütülmüş kimyonu, öğütülmüş kişnişi ve öğütülmüş zerdeçalı ekleyin. Kaynatın.

ç) Isıyı azaltın ve 20-25 dakika veya mercimekler yumuşayana kadar pişirin.

d) Tatmak için tuz ve karabiber ekleyin.

e) Baharatlı rezene ve mercimek çorbasını kaselere koyun. Servis yapmadan önce doğranmış taze kişniş ile süsleyin.

70.Fesleğen Pestolu Rezene ve Domates Çorbası

İÇİNDEKİLER:
- 2 rezene soğanı, doğranmış
- 1 soğan, doğranmış
- 2 diş sarımsak, kıyılmış
- 1 kutu (14 oz) doğranmış domates
- 4 su bardağı sebze suyu
- 2 yemek kaşığı zeytinyağı
- Tatmak için biber ve tuz
- Servis için fesleğen pesto

TALİMATLAR:
a) Büyük bir tencerede zeytinyağını orta ateşte ısıtın. Doğranmış soğanı ekleyin ve yarı saydam olana kadar pişirin.
b) Tencereye doğranmış rezene soğanlarını ve kıyılmış sarımsağı ekleyin. Ara sıra karıştırarak 5 dakika pişirin.
c) Tencereye doğranmış domatesleri ve sebze suyunu ekleyin. Kaynatın.
ç) Isıyı azaltın ve 20-25 dakika veya rezene yumuşayana kadar pişirin.
d) Çorbayı pürüzsüz hale gelinceye kadar püre haline getirmek için bir daldırma blenderi kullanın. Alternatif olarak çorbayı bir karıştırıcıya aktarın ve pürüzsüz hale gelinceye kadar gruplar halinde karıştırın.
e) Tatmak için tuz ve karabiber ekleyin.
f) Rezene ve domates çorbasını kaselere koyun. Üzerine bir tutam fesleğen pesto koyarak servis yapın.

SALATALAR

71.Traşlanmış Rezene ile Hindiba ve Narenciye Salatası

İÇİNDEKİLER:

- 2 yemek kaşığı kırmızı şarap sirkesi
- Kaşer tuzu ve taze çekilmiş karabiber
- 3 yemek kaşığı sızma zeytinyağı, ayrıca üzerine serpmek için daha fazlası
- 1 küçük kırmızı soğan, ikiye bölünmüş ve ince dilimlenmiş
- 2 adet göbekli portakal
- Pul pul deniz tuzu
- 1 su bardağı ince dilimlenmiş rezene ampulü
- Yarım kilo karışık hindiba, kesilmiş, yaprakları ayrılmış ve yırtılmış
- ½ gevşek paketlenmiş taze düz yapraklı maydanoz yaprağı
- ¼ bardak kavrulmuş tuzsuz antep fıstığı, doğranmış

TALİMATLAR:

a) Soğanı marine edin. Sirkeyi geniş bir kaseye koyun. 1 çay kaşığı kaşer tuzu ve ¼ çay kaşığı biberi çırpın. Yemek kaşığı zeytinyağını yavaşça çırpın. Soğanı ekleyin ve birleştirmek için fırlatın.

b) Marine etmek için 10 dakika bekletin.

c) Portakalları hazırlayın. Portakalların düz durabilmeleri için üst ve alt kısmından küçük bir bölüm kesin.

ç) Keskin bir bıçak kullanarak kabuğunu (öz kısmı dahil) kesip çıkarın ve ardından portakalları çapraz olarak ¼ inç kalınlığında yuvarlaklar halinde kesin.

d) Portakal dilimlerini geniş bir servis tabağına dizin. Pul pul tuzla tatlandırın.

e) Salatayı bitirip servis yapın. Soğan kasesine rezene, hindiba, maydanoz ve antep fıstığını ekleyin. Hafifçe zeytinyağı gezdirip tuz ve karabiberle tatlandırın. Birleştirmek için fırlatın.

f) Salatayı portakal dilimlerinin üzerine yerleştirip servis yapın.

72.Ton Balıklı ve Beyaz Fasulye Salatası

İÇİNDEKİLER:

- 2 (15 ons) kutu cannellini veya büyük kuzey fasulyesi, durulanmış ve süzülmüş
- 3 büyük Roma domatesi, çekirdekleri çıkarılmış ve doğranmış (yaklaşık 1 ½ bardak)
- ½ bardak kıyılmış rezene, yapraklı üst kısımları ayırın
- ⅓ su bardağı doğranmış kırmızı soğan
- ⅓ fincan portakal veya kırmızı dolmalık biber
- 1 yemek kaşığı kıyılmış rezene yaprağı üstleri
- ¼ bardak sızma zeytinyağı (EVOO)
- 3 yemek kaşığı beyaz şarap sirkesi
- 2 yemek kaşığı limon suyu
- ¼ çay kaşığı tuz
- ¼ çay kaşığı biber
- 1 (6 ons) ton balığı bifteği, 1 inç kalınlığında kesilmiş
- Tuz
- Öğütülmüş karabiber
- 1 yemek kaşığı EVOO
- 2 su bardağı yırtılmış karışık salata yeşillikleri
- Yapraklı rezene üstleri

TALİMATLAR:
SALATA İÇİN:
a) Büyük bir kapta fasulyeleri, domatesleri, doğranmış rezeneyi, kırmızı soğanı, tatlı biberi ve doğranmış rezene üstlerini birleştirin; bir kenara koyun.
b) Salata sosu için:
c) Vidalı kapaklı bir kavanozda ¼ bardak EVOO, sirke, limon suyu, ¼ çay kaşığı tuz ve karabiberi birleştirin. Örtün ve iyice çalkalayın.
ç) Sosu fasulye karışımının üzerine dökün; yavaşça kaplamaya fırlatın. 30 dakika oda sıcaklığında bekletin.

TON İÇİN:
d) Ton balığını taze kullanıyorsanız tuz ve karabiber serpin; 1 çorba kaşığı EVOO'yu orta-yüksek ateşte ısıtın.
e) Ton balığını ekleyin ve 8 ila 12 dakika kadar veya balıklar çatalla kolayca pul pul dökülene kadar, bir kez çevirerek pişirin. Ton balığını parçalara ayırın.
f) Fasulye karışımına ton balığı ekleyin; birleştirmek için fırlatın.
g) Hizmet etmek:
ğ) Servis tabağına yeşillikleri dizin ve fasulye karışımını yeşilliklerin üzerine kaşıklayın.
h) İstenirse ilave rezene üstleri ile süsleyin.

73.Pancar Rezene Salatası

İÇİNDEKİLER:

- 3 su bardağı doğranmış yeşillik
- ¼ rezene soğanı, ince dilimlenmiş
- ½ su bardağı doğranmış pişmiş brokoli çiçeği
- ½ bardak doğranmış pancar
- 1 ila 2 yemek kaşığı sızma zeytinyağı
- ½ limon suyu

TALİMATLAR:
a) Büyük bir kapta yeşillikleri, rezeneyi, brokoliyi ve pancarı karıştırın.
b) Zeytinyağı ve limon suyuyla karıştırın.

74.Goji Yaz Salatası

İÇİNDEKİLER:
- 3 ampul rezene
- 1 avuç şeritli badem, kızartılmış
- 2 portakal
- 2 dolu bardak roka
- 1 avuç Organik Goji Berry
- Zeytinyağı, tuz, karabiber

TALİMATLAR:
a) Goji meyvelerini bir kaseye koyun ve üzerini suyla örtün.
b) Rezeneyi ince bir şekilde tıraş edin ve bir kase buzlu suya koyun.
c) Bademleri bir tavada altın rengi oluncaya kadar kavurun. Bir kenara koyun.
ç) Portakalları soyup ince ince dilimleyin.
d) Rezeneyi boşaltın ve Himalaya tuzuyla baharatlayın.
e) Goji meyvelerini boşaltın ve bir kenara koyun.
f) Servis tabağını şu sırayla katlayın: Roka, portakal dilimleri, rezene, goji meyveleri ve üzerine kızarmış badem ekleyin.
g) Damak tadınıza göre zeytinyağı, tuz ve karabiberle tatlandırın.

75.Rokalı Rezene ve Portakal Salatası

İÇİNDEKİLER:
- 2 rezene soğanı, ince dilimlenmiş
- 2 portakal, soyulmuş ve dilimlenmiş
- 4 bardak bebek roka
- 1/4 bardak kızarmış ceviz, doğranmış
- 2 yemek kaşığı sızma zeytinyağı
- 1 yemek kaşığı balzamik sirke
- Tatmak için biber ve tuz

TALİMATLAR:
a) Büyük bir kapta ince dilimlenmiş rezeneyi, portakal dilimlerini ve körpe rokayı birleştirin.
b) Sosu hazırlamak için küçük bir kapta sızma zeytinyağı ve balzamik sirkeyi çırpın. Tatmak için tuz ve karabiber ekleyin.
c) Sosu salatanın üzerine gezdirin ve hafifçe kaplayın.
ç) Servis yapmadan önce salatanın üzerine kavrulmuş ceviz serpin.

76.Traşlanmış Rezene ve Elma Salatası

İÇİNDEKİLER:

- 2 rezene soğanı, ince dilimlenmiş
- 2 elma, ince dilimlenmiş
- 1/4 bardak doğranmış taze maydanoz
- 1 limonun suyu
- 2 yemek kaşığı bal
- 2 yemek kaşığı sızma zeytinyağı
- Tatmak için biber ve tuz

TALİMATLAR:

a) Büyük bir kapta ince dilimlenmiş rezeneyi, dilimlenmiş elmaları ve doğranmış taze maydanozu birleştirin.

b) Sosu hazırlamak için küçük bir kapta limon suyu, bal ve sızma zeytinyağını birlikte çırpın. Tatmak için tuz ve karabiber ekleyin.

c) Sosu salatanın üzerine gezdirin ve hafifçe kaplayın.

ç) Tıraşlanmış rezene ve elma salatasını hemen servis edin.

77.Nane ile Rezene, Turp ve Narenciye Salatası

İÇİNDEKİLER:

- 2 rezene soğanı, ince dilimlenmiş
- 4 turp, ince dilimlenmiş
- 2 portakal, soyulmuş ve dilimlenmiş
- 2 yemek kaşığı doğranmış taze nane
- 2 yemek kaşığı sızma zeytinyağı
- 1 yemek kaşığı beyaz şarap sirkesi
- Tatmak için biber ve tuz

TALİMATLAR:

a) Büyük bir kapta ince dilimlenmiş rezeneyi, dilimlenmiş turpları, portakal dilimlerini ve doğranmış taze naneyi birleştirin.

b) Sosu hazırlamak için küçük bir kapta sızma zeytinyağını ve beyaz şarap sirkesini çırpın. Tatmak için tuz ve karabiber ekleyin.

c) Sosu salatanın üzerine gezdirin ve hafifçe kaplayın.

ç) Rezene, turp ve narenciye salatasını hemen servis edin.

78.Rezene, Avokado ve Greyfurt Salatası

İÇİNDEKİLER:

- 2 rezene soğanı, ince dilimlenmiş
- 1 avokado, doğranmış
- 1 greyfurt, soyulmuş ve parçalara ayrılmış
- 1/4 bardak kızarmış dilimlenmiş badem
- 2 yemek kaşığı haşhaş tohumu
- 2 yemek kaşığı bal
- 2 yemek kaşığı elma sirkesi
- 1/4 su bardağı sızma zeytinyağı
- Tatmak için biber ve tuz

TALİMATLAR:

a) Büyük bir kapta ince dilimlenmiş rezeneyi, doğranmış avokadoyu, greyfurt dilimlerini ve kızarmış dilimlenmiş bademleri birleştirin.
b) Sosu hazırlamak için küçük bir kapta haşhaş tohumlarını, balı, elma sirkesini ve sızma zeytinyağını çırpın. Tatmak için tuz ve karabiber ekleyin.
c) Sosu salatanın üzerine gezdirin ve hafifçe kaplayın.
ç) Rezene, avokado ve greyfurt salatasını hemen servis edin.

79.Rezene, Pancar ve Keçi Peynirli Salata

İÇİNDEKİLER:

- 2 rezene soğanı, ince dilimlenmiş
- 2 orta boy pancar, kavrulmuş ve ince dilimlenmiş
- 4 ons keçi peyniri, ufalanmış
- 1/4 su bardağı kıyılmış ceviz, kızartılmış
- 2 yemek kaşığı balzamik sirke
- 1/4 su bardağı sızma zeytinyağı
- Tatmak için biber ve tuz

TALİMATLAR:

a) Geniş bir kapta ince dilimlenmiş rezeneyi, kavrulmuş ve ince dilimlenmiş pancarı, ufalanmış keçi peynirini ve kavrulmuş cevizi birleştirin.

b) Sosu hazırlamak için küçük bir kapta balzamik sirkeyi ve sızma zeytinyağını birlikte çırpın. Tatmak için tuz ve karabiber ekleyin.

c) Sosu salatanın üzerine gezdirin ve hafifçe kaplayın.

ç) Rezene, pancar ve keçi peynirli salatayı hemen servis edin.

80. Ballı Limon Soslu Narenciye Rezene Salatası

İÇİNDEKİLER:

- 2 rezene soğanı, ince dilimlenmiş
- 2 portakal, soyulmuş ve dilimlenmiş
- 1 greyfurt, soyulmuş ve dilimlenmiş
- 1/4 su bardağı doğranmış taze kişniş
- 2 limonun suyu
- 2 yemek kaşığı bal
- 2 yemek kaşığı sızma zeytinyağı
- Tatmak için biber ve tuz

TALİMATLAR:

a) Büyük bir kapta ince dilimlenmiş rezeneyi, portakal dilimlerini, greyfurt dilimlerini ve doğranmış taze kişnişi birleştirin.
b) Sosu hazırlamak için küçük bir kapta limon suyunu, balı ve sızma zeytinyağını çırpın. Tatmak için tuz ve karabiber ekleyin.
c) Sosu salatanın üzerine gezdirin ve hafifçe kaplayın.
ç) Narenciye rezene salatasını hemen servis edin.

81. Rezene, Nar ve Kinoa Salatası

İÇİNDEKİLER:
- 2 rezene soğanı, ince dilimlenmiş
- 1 su bardağı pişmiş kinoa
- 1/2 su bardağı nar taneleri
- 1/4 bardak doğranmış taze maydanoz
- 1/4 su bardağı tahin
- 1 limonun suyu
- 2 yemek kaşığı su
- 1 diş sarımsak, kıyılmış
- Tatmak için biber ve tuz

TALİMATLAR:
a) Geniş bir kapta ince dilimlenmiş rezeneyi, pişmiş kinoayı, nar tanelerini ve doğranmış taze maydanozu birleştirin.
b) Sosu hazırlamak için küçük bir kapta tahini, limon suyunu, suyu, kıyılmış sarımsağı, tuzu ve karabiberi çırpın.
c) Sosu salatanın üzerine gezdirin ve hafifçe kaplayın.
ç) Rezene, nar ve kinoa salatasını hemen servis edin.

TATLI

82.Meyveli Rezene Tres Leches Kek

İÇİNDEKİLER:
PANDİSPANYA:
- 1 ½ su bardağı çok amaçlı un
- 1 yemek kaşığı kabartma tozu
- 1 çay kaşığı tarçın
- ½ çay kaşığı rezene tohumu, kızartılmış ve öğütülmüş
- ½ çay kaşığı kişniş tohumu, kızartılmış ve öğütülmüş
- 6 yumurta akı
- 1 çay kaşığı tuz
- 1½ su bardağı toz şeker
- 3 yumurta sarısı
- 2½ çay kaşığı vanilya özü
- ½ bardak süt
- 6 yemek kaşığı süt tozu

TRES LECHES SOAK:
- 1 bardak tam yağlı süt
- 4 yemek kaşığı süt tozu, kızartılmış (pandispanya tarifinden ayrılmıştır)
- 12 ons buharlaştırılmış süt olabilir
- 14 ons yoğunlaştırılmış süt olabilir

MACERE EDİLMİŞ MEYVELER:
- ½ bardak su
- ½ bardak) şeker
- 1 ampulden rezene yaprakları, bölünmüş
- Seçtiğiniz 18 ons çilek, ikiye bölünmüş
- 1 yemek kaşığı limon suyu

KREM ŞANTİ:
- 1 bardak ağır krema
- ½ su bardağı toz şeker
- 2 yemek kaşığı ayran
- Tutam tuzu

TALİMATLAR:
PANDİSPANYA:

a) Baharatları 325 derecelik fırında 8-10 dakika kadar kızartın, ardından baharat öğütücü, havan ve havan tokmağı veya blender ile öğütün.
b) Fırını 300 dereceye kadar önceden ısıtın.
c) Isıya dayanıklı bir tavaya 6 yemek kaşığı süt tozunu ekleyip fırına verin. Toz kum rengine gelinceye kadar her 5 dakikada bir karıştırın ve döndürün.
ç) Isıyı 350 dereceye yükseltin.
d) Parşömen kağıdıyla 9 x 13 inçlik bir kek tepsisini hizalayın; parşömen kağıdını sprey veya yağla iyice yağlayın.
e) Unu, kabartma tozunu, tarçını, rezeneyi ve kişnişi geniş bir karıştırma kabına eleyin ve çırpın.
f) Yumurta aklarını ve tuzu stand mikserinin kasesine koyun ve çırpma aparatı ile orta hızda köpürene kadar karıştırın. Kabarıncaya kadar çırpmaya devam edin ve beyazlar yumuşak tepe noktaları tutun.
g) Toz şekeri çalışan miksere yavaş yavaş toz haline getirin ve beyazlar orta zirveler oluşana kadar çırpmaya devam edin.
ğ) Mikser çalışırken, yumurta sarılarını birer birer ve ardından vanilyayı ekleyip karışana kadar karıştırın.
h) Sütün içine 2 yemek kaşığı kızarmış süt tozunu çırpın. Süt tozunun geri kalanını daha sonra kullanmak üzere bir kenara koyun.
ı) Bezeyi mikserden çıkarın ve kuru karışımın yarısını plastik bir spatula ile katlayın.
i) Süt karışımının yarısını dökün ve kaseyi döndürerek ve merkezden kenara doğru saat yönünde katlayarak katlamaya devam edin.
j) Kalan kuru malzemeleri ekleyip katlamaya devam edin. Kalan süt karışımını ekleyin ve fazla karıştırmamaya dikkat ederek birleşene kadar katlayın.
k) Hazırlanan tavaya hamuru dökün ve bir spatula kullanarak köşeleri düzeltin.
l) Eşit pişirme sağlamak için her 5 dakikada bir çevirerek 10-12 dakika pişirin.

m) Kek eşit şekilde kızardığında ve kenarları tavadan hafifçe çekilince fırından çıkarın.
n) oda sıcaklığına soğumaya bırakın.

TRES LECHES SOAK:
o) Bir karıştırıcıya sütü, kavrulmuş süt tozunun geri kalanını, buharlaştırılmış sütü ve yoğunlaştırılmış sütü ekleyin. Dahil etmek için karıştırın.
ö) Kekin üzerine dökün ve ıslatılmış pastayı servise hazır olana kadar soğutun.

MACERE EDİLMİŞ MEYVELER:
p) Bir tencerede suyu kaynatın, ardından şekeri ekleyin. Birleştirmek için çırpın.
r) Bir kısmını garnitür için ayırarak cömert bir avuç dolusu parlak yeşil rezene yaprağı ekleyin. Ateşten alın ve şurup oda sıcaklığına soğuyana kadar demlenmeye bırakın.
s) Şurubu süzün.
ş) Servis yapmadan yaklaşık 30 dakika önce meyvelerin yarısını şurup ve limon suyunda yumuşatın. Kalan meyveleri süslemek için ayırın.

KREM ŞANTİ:
t) Çırpma aparatlı bir stand mikserine ağır kremayı, şekeri, ayranı ve tuzu ekleyin ve orta hızda zirveler oluşuncaya kadar orta hızda karıştırın.
u) Servis yapmaya hazır olana kadar buzdolabında saklayın.

TOPLANTI:
ü) Tres leches kekini dilimler halinde kesin. Her dilimi çırpılmış kremayla doldurun, ardından taze meyveler, yumuşatılmış meyveler ve rezene yapraklarıyla süsleyin.

83.Kavrulmuş Armutlu ve Mavi Peynirli Sufle

İÇİNDEKİLER:
- Bir avuç kurutulmuş ekmek kırıntısı
- 2 adet sert tatlı armut, 1 adet soyulmuş, 1 adet soyulmamış, dörde bölünmüş
- 50 gr tereyağı
- 2 çay kaşığı yumuşak esmer şeker
- 4 taze kekik dalı, ayrıca 2 ekstra
- Füme tuz
- 1½ yemek kaşığı sade un
- 125 ml tam yağlı süt, ısıtılmış
- 2 büyük serbest gezinen yumurta, ayrılmış
- 75g kremsi mavi peynir, ufalanmış

ACI YAPRAK SALATASI İÇİN
- 1 hindiba, yaprakları ayrılmış
- ½ rezene soğanı, ince dilimlenmiş
- Bir avuç su teresi ve roka yaprağı
- Bir avuç ceviz, kabaca doğranmış

GİYDİRME İÇİN
- 1½ yemek kaşığı sızma zeytinyağı
- 1 çay kaşığı Dijon hardalı
- 2 çay kaşığı beyaz şarap sirkesi

TALİMATLAR:

a) Yağlanmış fırın kabına galeta ununu serpin, içini kaplayacak şekilde çevirin. Fırını 200°C'ye ısıtın.
b) Tüm armut dilimlerini 25 gr tereyağı, şeker, biraz su ve kekikle birlikte yüksek ateşte bir tavaya koyun.
c) Kaynamaya bırakın, ardından ısıyı biraz düşürün ve 15-20 dakika veya yumuşak ve karamelize olana kadar pişirin.
ç) Füme tuz ve öğütülmüş karabiber ile tatlandırın. Biraz soğuması için bir kenara koyun.
d) Bu arada kalan tereyağını bir tavada ısıtın. Köpürmeye başlayınca unu ekleyip spatulayla karıştırarak 3-4 dakika, bisküvi kokusu çıkana kadar pişirin.
e) Tavayı ocaktan alın ve ılık sütü pürüzsüz hale gelinceye kadar çırpın. Pürüzsüz ve kalınlaşana kadar karıştırarak 3-4 dakika yavaşça pişirin.
f) Tavayı ocaktan alın ve yumurta sarısını ve mavi peynirin yarısını ekleyin. Armutların yarısını hazırlanan tabağa koyun.
g) Temiz bir karıştırma kabında yumurta aklarını elektrikli el mikseri kullanarak orta sertlikte tepe noktaları oluşana kadar çırpın.
ğ) 1 çorba kaşığı yumurta beyazını yumurta sarısı karışımına karıştırarak gevşetin, ardından geri kalanını metal bir kaşık kullanarak yavaşça ama hızlı bir şekilde katlayın.
h) Tabağa dökün ve üzerine kalan peyniri ekleyin.
ı) 18-20 dakika, kabarıncaya kadar, ancak hafif bir sallantıyla pişirin.
i) Bu arada salata malzemelerini kalan armutlarla birlikte atın.
j) Sos malzemelerini çırpın, salatanın üzerine gezdirin ve karabiberle tatlandırın.
k) Sufleyi, ekstra kekik serperek, salata ve isterseniz biraz çıtır ekmekle birlikte hemen servis edin.

84. Rezene ve Portakal Şerbeti

İÇİNDEKİLER:

- 2 bardak su
- 1 su bardağı toz şeker
- 2 rezene soğanı, ince dilimlenmiş
- 2 portakalın kabuğu rendesi ve suyu

TALİMATLAR:

a) Bir tencerede su ve şekeri birleştirin. Orta ateşte ısıtın, şeker eriyene kadar karıştırın.

b) Dilimlenmiş rezene soğanlarını tencereye ekleyin ve karışımı kaynama noktasına getirin. Yaklaşık 5 dakika kaynatın.

c) Tencereyi ocaktan alıp portakal kabuğu rendesini ve suyunu ekleyip karıştırın.

ç) Karışımın oda sıcaklığına soğumasını bekleyin, ardından bir karıştırıcıya aktarın. Pürüzsüz olana kadar karıştır.

d) Herhangi bir katı maddeyi çıkarmak için karışımı ince gözenekli bir elek ile süzün.

e) Süzülmüş karışımı bir dondurma makinesine dökün ve üreticinin talimatlarına göre sorbe kıvamına gelinceye kadar çalkalayın.

f) Şerbeti bir kaba aktarın ve servis etmeden önce en az 4 saat dondurun.

85.Rezene ve Ballı Panna Cotta

İÇİNDEKİLER:

- 2 bardak ağır krema
- 1/4 bardak bal
- 2 çay kaşığı jelatin tozu
- 2 yemek kaşığı su
- 1 rezene soğanı, ince dilimlenmiş

TALİMATLAR:

a) Bir tencerede ağır kremayı ve balı orta ateşte kaynamaya başlayıncaya kadar ara sıra karıştırarak ısıtın.

b) Küçük bir kapta jelatin tozunu suyun üzerine serpin ve birkaç dakika çiçek açmasını bekleyin.

c) İnce dilimlenmiş rezene soğanını krema karışımına ekleyin ve yaklaşık 5 dakika pişirin.

ç) Tencereyi ocaktan alın ve rezene dilimlerini süzün.

d) Krema karışımını tencereye geri koyun ve çiçek açan jelatini tamamen eriyene kadar çırpın.

e) Karışımı servis bardaklarına veya kalıplara paylaştırın ve en az 4 saat veya soğuyana kadar buzdolabında saklayın.

f) Panna cotta'yı isteğe bağlı olarak rezene yaprağıyla süsleyerek, soğutulmuş olarak servis edin.

86.Rezene ve Limonlu Kurabiye

İÇİNDEKİLER:

- 1 su bardağı tuzsuz tereyağı, yumuşatılmış
- 1/2 su bardağı toz şeker
- 2 fincan çok amaçlı un
- 1 limon kabuğu rendesi ve
- 2 çay kaşığı ince kıyılmış rezene tohumu

TALİMATLAR:

a) Fırını önceden 350°F'ye (175°C) ısıtın ve fırın tepsisini parşömen kağıdıyla kaplayın.
b) Büyük bir karıştırma kabında yumuşatılmış tereyağını ve toz şekeri hafif ve kabarık olana kadar krema haline getirin.
c) Unu, limon kabuğu rendesini ve ince kıyılmış rezene tohumlarını kaseye ekleyin. Bir hamur oluşana kadar karıştırın.
ç) Hamuru unlu bir yüzeyde yaklaşık 1/4 inç kalınlığa kadar açın. İstediğiniz şekilleri kesmek için çerez kesicileri kullanın.
d) Kurabiyeleri hazırlanan fırın tepsisine yerleştirin ve önceden ısıtılmış fırında 10-12 dakika veya kenarları hafif altın rengi oluncaya kadar pişirin.
e) Tamamen soğumaları için tel rafa aktarmadan önce kurabiyelerin fırın tepsisinde birkaç dakika soğumasını bekleyin.
f) Soğuduktan sonra kurabiyeler servise ve afiyetle yemeye hazırdır!

87.Rezene ve Bademli Kek

İÇİNDEKİLER:

- 1 fincan çok amaçlı un
- 1 çay kaşığı kabartma tozu
- 1/4 çay kaşığı tuz
- 1/2 bardak tuzsuz tereyağı, yumuşatılmış
- 1/2 su bardağı toz şeker
- 2 büyük yumurta
- 1/4 su bardağı süt
- 1/2 çay kaşığı badem özü
- 1 rezene soğanı, ince rendelenmiş
- 1/4 bardak dilimlenmiş badem
- Üzerine serpmek için pudra şekeri (isteğe bağlı)

TALİMATLAR:

a) Fırını önceden 350°F'ye (175°C) ısıtın ve 9 inçlik yuvarlak kek kalıbını yağlayın.

b) Orta boy bir kapta çok amaçlı un, kabartma tozu ve tuzu birlikte çırpın. Bir kenara koyun.

c) Büyük bir karıştırma kabında yumuşatılmış tereyağını ve toz şekeri hafif ve kabarık olana kadar krema haline getirin.

ç) Yumurtaları teker teker ekleyerek iyice birleşene kadar çırpın. Badem ekstraktını karıştırın.

d) Kuru malzemeleri yavaş yavaş ıslak malzemelere ekleyin, sütle dönüşümlü olarak ekleyin ve birleşene kadar karıştırın.

e) İnce rendelenmiş rezeneyi hamur boyunca eşit şekilde dağılıncaya kadar katlayın.

f) Hazırladığınız kek kalıbına hamuru dökün ve üzerini spatulayla düzeltin. Üzerine dilimlenmiş bademleri eşit şekilde serpin.

g) Önceden ısıtılmış fırında 30-35 dakika veya ortasına batırdığınız kürdan temiz çıkana kadar pişirin.

ğ) Pastayı 10 dakika boyunca tavada soğumaya bırakın, ardından tamamen soğuması için tel rafa aktarın.

h) Soğuduktan sonra dilimleyip servis etmeden önce kekin üzerine pudra şekeri serpin.

ÇEŞNİLER

88.Nar Turşusu , Rezene ve Salatalık

İÇİNDEKİLER:
- ½ su bardağı elma sirkesi
- 1 yemek kaşığı agav şurubu
- ¼ çay kaşığı ince deniz tuzu
- 1 çay kaşığı ezilmiş bütün kişniş tohumu
- 1 dal taze biberiye
- ½ su bardağı ince dilimlenmiş kırmızı soğan
- ¾ fincan İngiliz salatalığı, ¼ inç x 1 inçlik çubuklar halinde dilimlenmiş
- ½ bardak dilimlenmiş rezene
- 1 su bardağı POM Nar Taneleri

TALİMATLAR:
a) Elma sirkesi, agav şurubu, tuz, ezilmiş kişniş tohumu ve biberiyeyi bir karıştırma kabında birleştirin. Biberiyeyi bir kaşıkla hafifçe ezerek karışımı karıştırın.

b) Sebzeleri ve POM Nar Tanelerini kaseye ekleyin ve dekapaj sıvısıyla kaplayacak şekilde karıştırın. Karışımın ara sıra karıştırarak 15 ila 20 dakika beklemesine izin verin.

c) Turşu karışımı bir haftaya kadar buzdolabında saklanabilir. Peynirle birlikte kraker veya crostini ile servis yapın.

89.Rezene Mango Turşusu

İÇİNDEKİLER:

- 2 bardak çiğ mango, soyulmuş ve doğranmış
- ½ bardak hardal yağı
- 1 yemek kaşığı hardal tohumu
- 1 çay kaşığı çemen otu tohumu
- 1 çay kaşığı rezene tohumu
- 1 çay kaşığı zerdeçal
- 1 yemek kaşığı kırmızı toz biber
- 1 yemek kaşığı tuz
- 1 yemek kaşığı jaggery (tatlılık için isteğe bağlı)

TALİMATLAR:

a) Hardal yağını duman çıkana kadar ısıtın, ardından hafifçe soğumasını bekleyin.

b) Bir tavada hardal tohumlarını, çemen otu tohumlarını ve rezene tohumlarını kokusu çıkana kadar kavurun. Bunları kaba bir toz haline getirin.

c) Öğütülmüş baharat tozunu zerdeçal, kırmızı biber tozu, tuz ve jaggery ile karıştırın.

ç) Bir kasede doğranmış çiğ mangoyu baharat karışımıyla birleştirin.

d) Hafifçe soğutulmuş hardal yağını mango karışımının üzerine dökün ve iyice karıştırın.

e) Mango turşusunu temiz kavanozlara aktarın, sıkıca kapatın ve servis yapmadan önce birkaç gün olgunlaşmasını bekleyin.

90.Rezene Ananas Turşusu

İÇİNDEKİLER:

- 2 bardak ananas, doğranmış
- ½ su bardağı beyaz sirke
- ½ bardak) şeker
- 1 çay kaşığı hardal tohumu
- 1 çay kaşığı rezene tohumu
- 1 çay kaşığı kırmızı pul biber
- ½ çay kaşığı zerdeçal
- ½ çay kaşığı siyah tuz

TALİMATLAR:

a) Bir tencerede beyaz sirke, şeker, hardal tohumu, rezene tohumu, kırmızı pul biber, zerdeçal ve siyah tuzu birleştirin. Şeker eriyene kadar ısıtın.

b) Doğranmış ananasları tencereye ekleyin ve ananaslar hafifçe yumuşayana kadar pişirin.

c) Tatlı ve baharatlı ananas turşusunu temiz kavanozlara aktarmadan önce soğumasını bekleyin. Mühürleyin ve soğutun.

ç) Bu turşu, ızgara etlerin yanında lezzetli bir eşlikçidir veya tek başına da tüketilebilir.

91.Kivi ve Rezene Turşusu

İÇİNDEKİLER:
- 4-5 olgun kivi, soyulmuş ve doğranmış
- 1 yemek kaşığı hardal tohumu
- 1 çay kaşığı rezene tohumu
- 1 çay kaşığı kimyon tohumu
- ½ çay kaşığı zerdeçal tozu
- ½ çay kaşığı kırmızı toz biber (damak tadınıza göre ayarlayın)
- 1 yemek kaşığı zencefil, ince doğranmış
- 2-3 diş sarımsak, kıyılmış
- ½ su bardağı beyaz sirke
- 2 yemek kaşığı şeker
- Tatmak için tuz
- 2 yemek kaşığı bitkisel yağ

TALİMATLAR:
a) Kivileri soyun ve küçük, lokma büyüklüğünde doğrayın.
b) Küçük bir tavada hardal tohumlarını, rezene tohumlarını ve kimyon tohumlarını aromaları çıkana kadar kavurun. Bunları kaba bir toz haline getirin.
c) Bir tencerede bitkisel yağı orta ateşte ısıtın. Kıyılmış zencefil ve kıyılmış sarımsak ekleyin. Kokusu çıkana kadar soteleyin.
ç) Öğütülmüş baharat tozunu, zerdeçal tozunu ve kırmızı biber tozunu ekleyin. Birleştirmek için iyice karıştırın.
d) Doğranmış kivileri baharat karışımına ekleyin. Kivilerin baharatlarla kaplanması için hafifçe karıştırın.
e) Beyaz sirkeyi dökün ve şekeri ekleyin. İyice karıştırın ve kiviler hafifçe yumuşayana kadar yaklaşık 5-7 dakika kaynamaya bırakın.
f) Turşuyu tadın ve tuz ve şekerini tercihinize göre ayarlayın. Aromalar birbirine karışıncaya kadar birkaç dakika daha pişirin.
g) Kivi turşusunu temiz, hava geçirmez bir kavanoza aktarmadan önce tamamen soğumasını bekleyin. Tüketmeden önce en az birkaç saat buzdolabında saklayın.

92.Rezene ve Elma Turşusu

İÇİNDEKİLER:

- 2 rezene soğanı, ince doğranmış
- 2 elma, soyulmuş, çekirdeği çıkarılmış ve ince doğranmış
- 1 soğan, ince doğranmış
- 1/2 su bardağı elma sirkesi
- 1/4 su bardağı esmer şeker
- 1/4 su bardağı kuru üzüm
- 1 çay kaşığı öğütülmüş zencefil
- 1/2 çay kaşığı öğütülmüş tarçın
- 1/4 çay kaşığı öğütülmüş karanfil
- Tatmak için tuz

TALİMATLAR:

a) Bir tencerede, tüm malzemeleri orta ateşte birleştirin.
b) Karışımı kaynama noktasına getirin, ardından ısıyı en aza indirin.
c) Hint turşusunun ara sıra karıştırarak koyulaşıncaya ve tatlar birbirine karışana kadar yaklaşık 30-40 dakika pişmesine izin verin.
ç) Hint turşusu istenilen kıvama ulaştığında ocaktan alın ve tamamen soğumasını bekleyin.
d) Hint turşusunu sterilize edilmiş kavanozlara aktarın ve buzdolabında saklayın. Birkaç hafta saklanabilir.

93.Rezene ve Portakal Marmelatı

İÇİNDEKİLER:

- 2 rezene soğanı, ince dilimlenmiş
- 2 portakal, kabuğu rendesi ve suyu
- 1 limon, kabuğu rendesi ve suyu
- 2 su bardağı toz şeker
- 1/2 su bardağı su

TALİMATLAR:

a) Büyük bir tencerede dilimlenmiş rezeneyi, portakal kabuğu rendesini ve suyunu, limon kabuğu rendesini ve suyunu, şekeri ve suyu birleştirin.

b) Karışımı orta-yüksek ateşte kaynatın, ardından ısıyı en aza indirin ve ara sıra karıştırarak yaklaşık 1 saat pişirin.

c) Karışım koyulaşıncaya ve istenilen kıvama gelinceye kadar pişirmeye devam edin.

ç) Marmelat hazır olduktan sonra ocaktan alın ve biraz soğumaya bırakın.

d) Marmelatı sterilize edilmiş kavanozlara aktarın ve sıkıca kapatın. Buzdolabına koymadan önce tamamen soğumasını bekleyin. Birkaç ay saklanabilir.

94. Rezene ve Hardal Lezzeti

İÇİNDEKİLER:
- 2 rezene soğanı, ince doğranmış
- 1/2 su bardağı hardal tohumu
- 1/4 bardak beyaz şarap sirkesi
- 2 yemek kaşığı bal
- 1 çay kaşığı öğütülmüş zerdeçal
- Tatmak için tuz

TALİMATLAR:
a) Kuru bir tavada hardal tohumlarını orta ateşte, kokusu çıkana kadar yaklaşık 2-3 dakika kızartın.
b) Bir tencerede doğranmış rezeneyi, kızarmış hardal tohumlarını, beyaz şarap sirkesini, balı, öğütülmüş zerdeçalı ve tuzu birleştirin.
c) Karışımı kaynatın, ardından ısıyı en aza indirin ve yaklaşık 20-25 dakika veya rezene yumuşayana ve karışım koyulaşana kadar pişirin.
ç) Lezzeti ocaktan alın ve tamamen soğumasını bekleyin.
d) Lezzeti sterilize edilmiş kavanozlara aktarın ve buzdolabında saklayın. Birkaç hafta saklanabilir.

İÇECEKLER

95.Ahududu ve Rezene Limonatası

İÇİNDEKİLER:

- 8 ons su
- 8 ons ahududu + süslemek için ekstra
- 4 yemek kaşığı şeker
- 1 çay kaşığı rezene tohumu
- 2 limonun suyu
- donmuş su

TALİMATLAR:

a) Bir tencerede veya tencerede ahududuları şeker, rezene tohumu ve suyla birleştirin ve orta ateşte kaynatın.
b) Ahududular püre haline gelinceye kadar pişirin.
c) Oda sıcaklığına soğumasına izin verin.
ç) Ahududu karışımını pürüzsüz bir püre haline gelinceye kadar karıştırın. Süzün ve limon suyuyla karıştırın.
d) Üzerine soğuk su ilave ederek servis yapın.
e) Ayırdığınız ahududularla süsleyin.

96.Gül, Kavun ve Rezene Tazeleyici

İÇİNDEKİLER:

- 8 ons su
- 8 ons ahududu + süslemek için ekstra
- 4 yemek kaşığı şeker
- 1 çay kaşığı rezene tohumu
- 2 limonun suyu
- donmuş su

TALİMATLAR:

a) Bir tencerede veya tencerede ahududuları şeker, rezene tohumu ve suyla birleştirin ve orta ateşte kaynatın.
b) Ahududular püre haline gelinceye kadar pişirin.
c) Oda sıcaklığına soğumasına izin verin.
ç) Ahududu karışımını pürüzsüz bir püre haline gelinceye kadar karıştırın. Süzün ve limon suyuyla karıştırın.
d) Üzerine soğuk su ilave ederek servis yapın.
e) Ayırdığınız ahududularla süsleyin.

96.Gül, Kavun ve Rezene Tazeleyici

İÇİNDEKİLER:
- 1 su bardağı kavun parçaları
- 1 yemek kaşığı tarhun
- Yenilebilir gül yaprakları
- 2 litre filtrelenmiş su
- ½ rezene soğanı, ince dilimlenmiş

TALİMATLAR:
a) Malzemeleri bir cam şişeye koyun.
b) Dikleşmesi için birkaç saat buzdolabında bekletin.

97.Papatya ve rezene çayı

İÇİNDEKİLER:
- 1 çay kaşığı papatya çiçeği
- 1 çay kaşığı rezene tohumu
- 1 çay kaşığı çayır tatlısı
- 1 çay kaşığı hatmi kökü, ince doğranmış
- 1 çay kaşığı civanperçemi

TALİMATLAR:
a) Bitkileri bir çaydanlığa koyun.
b) Suyu kaynatıp çaydanlığa ekleyin.
c) 5 dakika demlenmeye bırakın ve servis yapın.
ç) Günde 3 defa 1 bardak infüzyon içilir.

98.Portakal-Rezene Kombucha

İÇİNDEKİLER:

- 16 bardak siyah çay kombucha
- 4 yemek kaşığı rezene tohumu
- 3 yemek kaşığı şekerlenmiş zencefil, kıyılmış
- 1 yemek kaşığı kurutulmuş portakal kabuğu

TALİMATLAR:

a) Galon büyüklüğünde bir kavanoza kombuchayı, rezene tohumlarını, şekerlenmiş zencefili ve kurutulmuş portakal kabuğunu ekleyin.

b) Kavanozu sıkıca kapatın ve aromatikleri oda sıcaklığında 24 saat bekletin.

c) Otları çıkarmak için kombuchayı süzün.

ç) Bir huni kullanarak, kombuchayı darboğazda bir inçlik boşluk kalacak şekilde şişelere dökün. Şişelerin kapağını kapatın ve 48 saat boyunca fermente olmaları için yaklaşık 72°F sıcaklıktaki sıcak bir yere koyun.

d) 1 şişeyi iyice soğuyuncaya kadar 6 saat buzdolabında saklayın.

e) Şişeyi açın ve kombucha'nızın tadına bakın. Sizi tatmin edecek kadar kabarcıklıysa, fermantasyonu durdurmak için tüm şişeleri soğutun.

f) İstediğiniz köpürme ve tatlılığa ulaştığınızda, fermantasyonu durdurmak için tüm şişeleri soğutun.

g) Maya şeritlerini ve aroma verici posayı çıkarmak için servis yapmadan önce süzün.

99.Lavanta ve Rezene Tohumu Çayı

İÇİNDEKİLER:
- 1 bardak su
- ½ çay kaşığı lavanta tomurcuğu
- birkaç kuru gül yaprağı
- 10-12 nane yaprağı
- ½ çay kaşığı rezene tohumu

TALİMATLAR:
a) Suyu bir su ısıtıcısında veya tavada kaynamaya başlayıncaya kadar ısıtın.
b) Kahve presine lavanta tomurcuklarını, gül yapraklarını, rezene tohumlarını ve nane yapraklarını ekleyin.
c) Sıcak suyu ekleyin.
ç) Karışımın 4 dakika demlenmesine izin verin.
d) Pistonu aşağı doğru bastırın.
e) Çayı bir bardakta servis edin.

100.Rezene Tohumu Gaz Giderici Çay

İÇİNDEKİLER:
- 1 bardak su
- 1 yemek kaşığı rezene tohumu

TALİMATLAR:
a) Suyu ve rezene tohumlarını kaynatın .
b) 15 dakika bekletin .

ÇÖZÜM

Rezene dünyasındaki yolculuğumuzu tamamlarken, umarım bu yemek kitabı, bu azımsanmayacak malzemenin lezzetini ve çok yönlülüğünü kendi mutfağınızda keşfetmeniz için size ilham vermiştir. "En İyi Rezene Yemek Kitabı", rezenenin eşsiz lezzetini ve mutfak potansiyelini kutlama tutkusuyla hazırlandı ve her damak zevkine ve duruma uygun çok çeşitli tarifler sunuyor.

Bu mutfak macerasında bana katıldığınız için teşekkür ederim. Mutfağınız kavrulmuş rezenenin enfes aromasıyla, rendelenmiş rezene salatalarının canlandırıcı çıtırtısıyla ve rezeneyle demlenmiş ana yemeğin lezzetli iyiliğiyle dolsun. İster klasik tariflere rezene katıyor olun ister yeni mutfak kreasyonlarını deniyor olun, her lokma bu çok yönlü ve lezzetli malzemenin lezzetinin bir kutlaması olabilir.

Tekrar buluşana kadar, mutlu yemek pişirme ve mutfak maceralarınızın ilham vermeye ve keyif vermeye devam etmesi dileğiyle. Rezenenin harika dünyasına ve sofralarımıza getirdiği sonsuz olanaklara selam olsun!

www.ingramcontent.com/pod-product-compliance
Lightning Source LLC
Chambersburg PA
CBHW071324110526
44591CB00010B/1022